新编21世纪高等开放教育系列教材

U0853537

社会心理学

主　编　高　茜　蒋广宇

中国人民大学出版社
·北京·

图书在版编目（CIP）数据

社会心理学 / 高茜，蒋广宇主编. -- 北京 ：中国人民大学出版社，2022.6
新编 21 世纪高等开放教育系列教材
ISBN 978-7-300-30725-1

Ⅰ. ①社… Ⅱ. ①高… ②蒋… Ⅲ. ①社会心理学-开放教育-教材 Ⅳ. ①C912.6-0

中国版本图书馆 CIP 数据核字（2022）第 098368 号

新编 21 世纪高等开放教育系列教材
社会心理学
主编　高　茜　蒋广宇
Shehui Xinlixue

出版发行　中国人民大学出版社
社　　址　北京中关村大街 31 号　　**邮政编码**　100080
电　　话　010－62511242（总编室）　　010－62511770（质管部）
010－82501766（邮购部）　　010－62514148（门市部）
010－62515195（发行公司）　　010－62515275（盗版举报）
网　　址　http://www.crup.com.cn
经　　销　新华书店
印　　刷　天津中印联印务有限公司
规　　格　185 mm×260 mm　16 开本　　**版　　次**　2022 年 6 月第 1 版
印　　张　10.25　　**印　　次**　2022 年 6 月第 1 次印刷
字　　数　245 000　　**定　　价**　32.00 元

前 言

社会心理学是致力于研究、理解特定生活条件下人的心理活动和具体行为发生发展及变化规律的理论性和应用性并重的学科。本教材系统地介绍了社会心理学的理论体系、自我概念与社会认知、人类的社会行为，阐述了态度问题、人际关系与人际沟通、社会交换与社会影响以及团体心理与行为的相关问题。本教材旨在引导学习者学习相关理论知识的基础上，培养学习者自觉地应用社会心理学的观点和方法观察、解释社会现象与人的行为，有效地解决生活、学习和工作中遇到的相关问题的能力。

本教材主要内容分为六个单元：心理学与生活、社会认知、社会行为、态度与偏见、人际关系、群体心理。内容整合社会心理学的学科架构和基本理论，在保证教材内容的系统性、科学性的前提下，加入丰富的案例，以期引导学习者应用社会心理学的观点和方法观察、解释社会现象与人的行为，从宏观和微观、外在和内在相结合的视角来分析和解决人们在社会环境与人际关系中的问题。

为了增强教材的可读性，便于学习者利用教材开展自主学习，本教材以知识点为单位，采用较为新颖的体例，为学习者搭建“学习脚手架”，真正实现“以学习者为主体”的内容呈现。本教材不仅适用于远程教育的学习者，也适用于对社会心理学感兴趣的初学者，它会像学习者身边的一位老师那样，耐心地引导学习者进入社会心理学的世界。

本教材在出版的过程中得到了北京开放大学和中国人民大学出版社的大力支持，在此致以诚挚的感谢！

编者

目 录

第一单元

心理学与生活

学习导引

生活中的社会心理学

试着回忆一下，你平时是否有如下行为：

(1) 睡前必须刷一遍微信。

(2) 锁门后一定要反复推两下，确认锁上了才放心离开。

(3) 换衣服时，一定要脱光了上身的衣服才会脱下身的衣服。

(4) 喜欢固定坐在沙发的某一位置上。

(5) 每餐吃固定的食物。

从心理学上来解释，上述行为称作“强迫症”。事实上，轻微的强迫症完全可以看作个人的一种习惯，只要不对日常生活产生影响就无须太在意。可是，如果是重度的强迫症呢？通过学习心理学，你会找到某种缓解或者解决强迫症的方法，让你能够更加轻松快乐地生活。

同学们好！欢迎来到社会心理学的教学殿堂。相信大家或多或少对于心理学都有一定的了解。那么你知道什么是社会心理学吗？你知道心理学与社会心理学有什么关系吗？你了解社会心理学的发展状况吗？你了解社会心理学的研究方法吗？相信通过对本课程的学习，你就能清楚地回答这一系列的问题了。

由于大家对于社会心理学尚没有一个系统的认识，那么本单元的课程教学内容主要就是帮助大家对社会心理学有一个整体的把握，了解其发展状况等。本单元的学习内容主要涉及社会心理学的产生和发展、社会心理学的研究内容、心理学在日常生活中的运用以及社会心理学的研究设计与方法等相关知识。

学习目标

学习完本单元内容后，你将能够：

- 解释什么是社会心理学。
- 描述社会心理学的发展历史。
- 解释心理学与社会生活的关系。
- 举例说明社会心理学的研究对象。
- 列举社会心理学的研究方法。

思维导图

接下来，让我们一步步地深入理解本单元的学习内容。首先，我们来熟悉一下本单元内容的整体框架。

以下是本单元内容的整体框架以及学习这部分内容的思维过程规划。此图可以帮助你从整体上了解本单元内容的知识结构和学习路径，重点内容包括社会心理学的产生和发展、社会心理学的研究内容以及社会心理学研究设计与方法。请你仔细品读和理解，建立对本单元知识的整体印象。

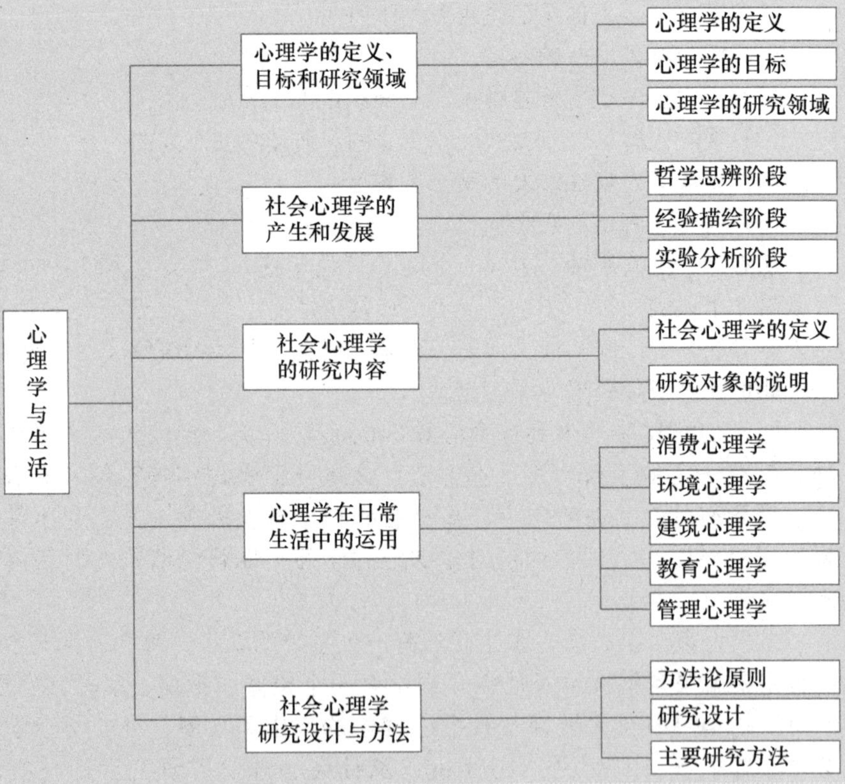

看完上面的思维导图后，你是否已经对本单元所要学习的内容以及如何学习这些内容有一个初步的整体印象了呢？接下来，我们在这个整体框架的指引下逐一学习每个知识点

的具体内容。我们需要重点学习社会心理学的研究内容，了解怎样研究社会心理学。同时，在学完这些知识的基础上，要试着将这些知识与现实生活进行对接和思考，这样可以帮助你更好地内化所学的知识。

知识点 1　心理学的定义、目标和研究领域

学前思考

在学习心理学之前，我们先来看看日常生活中大家对心理学的一些认识误区。

（1）学心理学的人很神，能知道别人在想什么。

（2）心理学太“玄”了，没什么实际作用。

（3）心理学很难，学了也不一定能掌握，更别提应用了。

其实，心理学不是巫术，它是通过客观的心理规律来认识和了解他人，它并不能了解别人的所有想法，但它可以通过对一些规律性信息的科学解读，来对他人作出判断。

心理学的分支和流派有很多，其中只有变态心理学会涉及人格障碍和心理问题的内容，对于绝大多数学习心理学的同学而言，心理学只是帮助他们更好地认识和完善自己，了解并影响他人的一门学问。

心理学的流派很多，其中很多流派都与人们的生活结合得非常紧密，除非你的工作和生活不太需要与人打交道，否则心理学都会对你有很大帮助。比如说适合销售的消费者行为学，适合亲子教育的发展心理学、儿童心理学。心理学知识会为你的工作带来全新的视角，会从根本上改善你的生活。

学习重点

一、心理学的定义

心理学是关于个体的行为及精神过程的科学。它由关键的三部分组成：科学性、行为、精神过程。

科学性要建立在依据科学方法收集到的证据的基础上。科学方法包括一套用来分析和解决问题的有序步骤。科学方法用收集到的客观信息作为得出结论的事实基础。

行为是有机体适应环境的方式。行为就是行动。心理学研究的主题在很大程度上是人类和其他动物物种的可观察行为。

精神过程代表了心理学家探索的最重要的方面。

二、心理学的目标

心理学家从事基础研究的目标有四个，即：描述、解释、预测和控制行为。

（一）描述发生的行为

心理学的第一个任务是对行为进行精确的观察，从而获得行为数据。行为数据是关于机体的行为和行为发生时环境的观察报告。心理学家会选择一个适宜的分析水平来保证客观性。

（二）解释发生的行为

描述必须忠实于可知觉的信息，而解释却谨慎地超越了能够被观察到的现象。解释的中心任务是找到行为和心理过程的常规模式。

心理学的解释通常承认大多数行为受到一些因素的共同影响。这些因素在个体内部起作用，比如基因构成、动机、智力水平或自尊。行为的这些内部决定因素称作机体变量或秉性变量。对行为产生影响的外部因素称作环境变量或情景变量。

（三）预测将要发生的行为

心理学上的预测是指对一个特定的行为将要发生的可能性和一种特定的关系将被发现的可能性的陈述。一个科学的预测是基于对事件互相关联方式的理解，它指出是什么样的机制把那些事件与特定的预测物联系起来。一个因果预测会详细地说明在什么样的条件下行为将会发生改变。

（四）控制发生的行为

如果一个对行为原因的解释能创造控制行为的条件，那么这个解释就是有说服力的。控制行为的能力很重要，因为它为心理学提供了帮助人们改进他们生活质量的途径。

应用心理学家还有第五个目的——提高人类生活的质量。

综上，心理学家运用科学方法对个体的行为和心理过程得出结论。心理学家有这样的目标：在适宜的水平上客观地描述行为、解释产生行为的原因、预测行为何时会发生、控制行为以改进生活质量。

三、心理学的研究领域

心理学是人类为了认识自己而发展起来的一门科学，人是心理学的研究对象。人类认识自我的过程是一个不断深入和完善的过程。心理学是跨学科的综合性知识领域，它从人的自然物质基础性、社会活动本体性、精神世界主体性三方面去研究人，其理论领域分支很多。同时，心理学在其发展过程中与其他应用领域相融合，延伸出不同的应用研究领域，具体如下。

（一）基础性心理学

基础性心理学包括：普通心理学、实验心理学、发展心理学、比较心理学、社会心理学、生理心理学、认知心理学、人格心理学、变态心理学、心理测量学等。

（二）应用性心理学

应用性心理学包括：教育心理学、临床心理学、咨询心理学、工业和社会组织心理学、商业心理学、军事心理学、运动心理学、环境心理学、消费心理学、法律心理学等。

知识点 2 社会心理学的产生和发展

学前思考

每个学科的产生和发展都有契机，作为心理学的重要研究分支，社会心理学的产生和发展必然有其特定的背景和意义。

人具有社会属性，人们处于群体环境下会产生怎样的行为范式？人与人交流沟通会受到哪些因素的影响？我们如何在聚光灯下表现得游刃有余？这些似乎都是大家日常关注的问题，这些问题也早就进入了心理学家思考的范畴。

通过本知识点的学习，你可以了解社会心理学家的研究会经历怎样的过程。

学习重点

一、哲学思辨阶段

这是社会心理学形成前的准备阶段，该阶段的基本特征是根据权威的思辨和社会准则来阐明人们的社会行为。

有人类的地方就有社会心理学。在我国古代，就有许多思想家提出过社会心理学的思想，如孔子的关于判断人的善恶的社会知觉思想。他主张，不要因“乡人皆好之”或“乡人皆恶之”就说这人是“好人”或“坏人”，“不如乡人之善者好之，其不善者恶之”（《论语·子路篇》）才是真正的好人。孔子认为，人以群分，善、恶群体对同一现象会有不同的评价。所以了解人不仅要直接观察人的言行，还要依据不同性质群体对某人的相反评论来作出判断。

在西方，首先提出社会心理学问题及主张的是古希腊的柏拉图（Plato，公元前 427 年—公元前 347 年）。他认为，宇宙是有理性的，人类灵魂的一部分是纯粹理性（即进入肉体的理念或对理念的回忆）的，另一部分是无理性的，包括生机勃勃的意志和贪得无厌的欲望。一个人的理性如果能成为劝导者与指挥者来统率其他部分，他就是聪明的；意志经过教育与训练，能坚决执行理性的教诲，知道什么要警惕和什么无须畏惧，他就是勇敢的；当欲望同理性融洽，接受其领导，他就是有节制的；当这三者彼此和谐，他就是正直的。人有了上述四种德性，他过的生活就幸福，达到至善。当柏拉图用这种伦理观与人性论去解决社会问题、提出政治理想时，社会心理思想就变得很突出。柏拉图在两千多年前依据自己的心理学思想提出解决社会问题和协调人际关系的设想，不能不说是西方社会心理学思想的一种“始创”。此后，有许多哲学家提出了各自的主张，如亚里士多德提出“人是社会性动物”和“人有社会需求”等主张。尽管其中许多主张与论述颇为深刻，但它们毕竟是零散的和思辨性的。

二、经验描绘阶段

18 世纪下半叶后，社会心理学进入初创阶段。该阶段强调根据经验来描述社会行为。

19 世纪中期，心理学是作为个体心理学发展起来的。1859 年，德国哲学家拉扎勒斯（M. Lazarus，1824—1903）和语言学家斯汤达尔（H. Steinthal，1823—1893）创办《民族心理学和语言学》杂志。他们在序言中首次提出，历史的主要力量是人民或“整体精神”（allgeist），它通过艺术、宗教、语言、神话与风俗习惯等表现出来，而个体意识仅是它的产物。他们主张从心理学方面去认识民族精神的本质，揭示其活动的规律。实验心理学创始人冯特（W. Wundt，1832—1920）在 1863 年阐述与发展了上述思想。他认为，心理学应由生理心理学和民族心理学两部分组成。前者是实验学科，后者是经验学科。对于高级心理过程及人类共同生活方面的复杂精神过程，如语言、神话、风俗习惯、艺术等，应当用经验描绘方法去进行分析研究。冯特本人花了 40 年时间研究前者，用了 20 年时间研究后者，并于晚年出版了十卷本的《民族心理学》。

在 19 世纪后半叶的法国，许多社会学家开始研究群众心理。社会学的创始人孔德（A. Comte，1798—1857）在 1838 年首先使用“社会学”（sociology）一词。他认为，要达到改造社会与组织社会的目的，就必须去认识社会规律，就需要通过实证（科学观察和经验）的方法建立社会学。接着，塔尔德（G. Tarde，1843—1904）主张社会学的研究对象是人的心理。他于 1890 年著有《模仿律》、1898 年出版《社会心理研究》，后者是最早以“社会心理”命名的社会学著作。另一位法国社会学家涂尔干（E. Durkheim，1859—1917）认为社会学要研究的是独立于个人之外的一种社会事实或“集合表象”，如道德、宗教等，它带有外在性与强制性，有自己的社会原因。这个主张对后来社会学专注于研究群众心理有一定的影响。勒庞（G. Le Bon，1841—1931）认为，人的任何聚集都是“群众”；它主要是一种“感情现象”。为了解决群众暴动问题，他主张对上述现象开展研究。他对法国大革命时期的群众行为与领袖人物的心态进行了系统研究，虽然他把群众的革命运动说成是“非理性行为”十分荒谬，但他提出的“个人和群众相互作用”的命题却是有意义的。他于 1895 年著有《乌合之众：大众心理研究》一书，1913 年著有《革命心理学》。这个时期最有意义的事件，是 1908 年在英国伦敦和美国纽约同时出版的两部著作：一部著作是英国心理学家麦独孤（W. McDougall，1871—1938）的《社会心理学导论》；另一部著作是美国社会学家罗斯（Ross，1866—1951）的《社会心理学：大纲和资料集》。这两部著作的出版标志着社会心理学的诞生。麦独孤主张“社会心理学必须说明个人心理的天赋倾向与能力如何形成社会上一切复杂的精神生活；反之，这种生活又如何影响个人天赋倾向与能力的发展与表现”。他认为本能是社会行为的原因，“是人类所有一切活动的推动者”，也是个人品格与民族特性形成的基础。罗斯的《社会心理学：大纲和资料集》注重对风尚、习俗、暗示性、模仿性、群众与暴众心理的阐述，注重对冲突、讨论、调停、舆论、谣言等现象的探讨，并强调对群众行为的控制方法。罗斯的上述研究偏重于经验总结与描述，但其注重研究社会实际问题的倾向，主张社会心理学应研究群体心理和人际心理相互作用的现象，以及建构独树一帜的学科体系，对社会心理学的发展颇有影响。麦独孤的观点属于心理学性质取向的社会心理学，而罗斯的观点属于社会学性质取向的社会心理学。

三、实验分析阶段

科学社会心理学形成于 20 世纪 20 年代。20 世纪初期，第一次世界大战之后的美国，一方面经济未受破坏而得到迅速发展，另一方面也出现了经济危机和大量失业、罢工等社会问题，从而为社会心理学研究提供了新的动力。同时，“本能论”受到批判后，行为主义与格式塔理论等一度兴起，特别是它们采用实验方法建立实证学科的设想很有吸引力，从而促使一些社会心理学家特别是美国的社会心理学家为克服方法论上的缺陷而展开实验研究，结果引起了这门学科的巨大变化与发展。

这里应提到几位先驱者。

特里普利特（Triplett）做了“在定速与竞赛中的动力因素”实验，第一次表明社会现象可以通过实验方法进行研究，所以颇有意义且具深远影响。

德国人莫德（W. Moede，1888—1958）于 1920 年在莱比锡首次出版《实验群体心理学》小册子，提出用控制变量的实验方法研究群体对其成员思想、感情、行动的影响，并介绍了 1914 年所开展的竞赛中的群体效应实验。

奥尔波特（G. W. Allport，1897—1967）于 1924 年出版了《社会心理学》教材，被看成现代社会心理学的开端，奥尔波特也被誉为科学或实验社会心理学的创始人。这本书在当时影响较大，主要是由于它具有下述特色：第一，明确提出社会心理学研究的对象是有关社会情境中的“个人的社会行为及社会意识”；第二，用行为派（反射）的观点解释个人社会行为的发生、发展及其多种形式，他否定麦独孤的本能论，但不否认先天反应的存在；第三，重视和强调定量的实验研究方法。奥尔波特这本著作的问世，对促进社会心理学开展实验研究起着颇大的作用，其有关对象、方法、研究范围的观点与体系几乎统治了美国当时的社会心理学，甚至迄今还有影响。到了 1931 年，两位墨菲（G. Murphy & L. B. Murphy）又把通过实验室实验法与有控制的观察法等对社会心理学所作的许多研究汇集起来，出版了《实验社会心理学》，从而大大推动社会心理学向更科学化的方向前进。

以下是 20 世纪 30 年代至 20 世纪 60 年代社会心理学界所探讨的话题：

20 世纪 30 年代：领导、舆论、谣言、种族关系、价值的冲突。

20 世纪 40 年代：信仰、偏见、劝导、宣传。

20 世纪 50 年代：社会交际，尤其是人格特征对社会行为的影响。

20 世纪 60 年代后：范围扩大到社会行为的各个方面。

知识点 3 社会心理学的研究内容

学前思考

本部分我们将学习社会心理学的研究内容，大家要重点阅读社会心理学的定义以及对研究对象的说明等内容。

学习重点

一、社会心理学的定义

关于社会心理学的定义，不同的心理学家有不同的观点。美国著名社会心理学家弗里德曼（J. L. Freedman）从行为主义的角度出发，认为社会心理学是系统研究社会行为的科学。

社会心理学研究人与人之间相互作用的所有领域，包括与社会现象直接相关的各种行为。与弗里德曼的观点不同，迈尔斯（D. Myers）从社会认知的角度出发，认为社会心理学是研究人们怎样想、怎样相互影响以及怎样与别人相联系的科学。

国内也有学者对社会心理学下了定义。比如我国著名的心理学家吴江霖教授就认为"社会心理学是研究个体或若干个体在特定社会生活条件下心理活动的变化发展的科学"。除此之外，沙莲香、周晓红和沈德灿等都对社会心理学加以定义，其中沈德灿教授在对所有的这些概念做了分析整合之后，认为社会心理学是研究个体和群体的社会心理、社会行为及其发展规律的科学。

胡寄南认为，社会心理学是从社会与个体相互作用的观点出发，研究特定社会生活条件下个体心理活动发生、发展及其变化的规律的一门学科。本门课程采用这个定义。

二、研究对象的说明

（一）社会心理学强调社会与个体之间的相互作用

社会与个体的相互作用如图 1-1 所示。

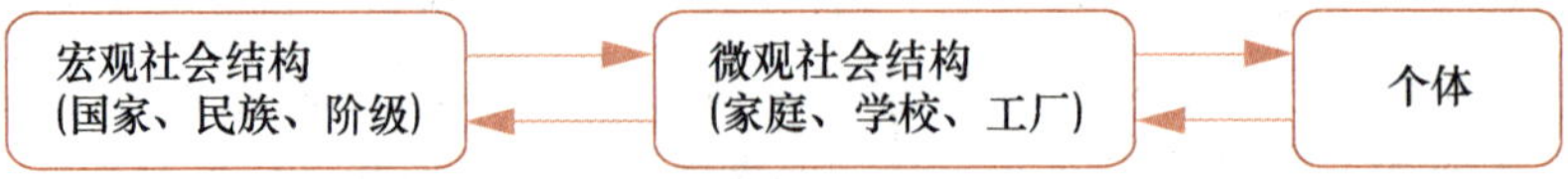

图 1-1　社会与个体的相互作用

国家、民族等宏观社会结构对家庭、学校等微观社会结构产生了影响，处于微观社会结构中的个体也会受到宏观社会结构的影响；反过来说，处于微观社会结构中的个体的变化也会对微观的社会结构产生影响，从而进一步对宏观社会结构产生影响。从上述的关系图来看，社会与个体相互作用、相辅相成，谁也离不开谁。

（二）社会心理学重视对社会情境的探讨

在不同的社会情境中，个体的表现会因社会情境的不同而发生变化。例如，当一个小男孩在父母面前摔倒时，也许为了获得父母的关注和安慰，他会不停地哭；当他和自己的小伙伴在一起的时候，为了展现自己小男子汉的气概，他会表现得很勇敢，会自己很快地爬起来。这表明，在不同的社会情境中，个体的表现是不同的，因此，我们要重视社会情境。

（三）社会心理学也重视个体的内在心理因素

内在心理因素，主要是指人格的各种心理特征，如性格、动机、情绪、态度、价值观和自我意识等。每个个体在面对同一情境时，所持的内在心理因素是不一样的。例如，面对困难时，有人很勇敢，有人却感到很无力，等等。这些不同的表现都说明了个体的内在心理因素是不同的，因此，我们要重视个体的内在心理因素。

知识点 4 心理学在日常生活中的运用

学前思考

有这样一则电视广告：家庭主妇使用产品时伴随着丈夫强烈的赞许和爱。丈夫温柔地对孩子说：“比利，你有一个特别棒的妈妈！”然后把妈妈拥抱入怀。消费者选择洗涤产品时，看见货架上的“最后一触”就有可能购买，而不去选择其他更便宜的商品，因为这种产品激起了“情感光芒”。

这则广告显示了消费心理学对于我们日常生活的影响，它利用个人情感状态影响消费者对产品的感情。

请回忆，在日常生活中，你是否有过类似的经历？

接下来，我们去看看心理学在日常生活中的运用。

学习重点

一、消费心理学

消费心理学是指关于消费者行为所有方面的科学研究。在日常生活中，我们经常要对某种产品或服务的消费做出决定。我们持续受到手机、电视、广告牌和印刷媒体广告的轰炸，所有这些都会影响我们的消费行为。我们进入商城，精心布置的产品、灯光和颜色的应用会影响我们的行为。精致的产品包装本身吸引我们的注意力并影响我们的购物选择。消费者心理学提供消费者行为所有方面及其他的指导。

消费心理学家回答各种问题，包括：我们如何改变消费者的购买态度？如何改变消费者的购物习惯？广告对消费者行为的影响是什么？如何利用广告增加消费者的消费？在影响消费者选择方面，什么营销策略（包括促销计划）最为有效？

消费心理学涉及心理学内部几个分支的整合。马伦（Mullen）和约翰逊（Johnson）提出消费者行为的总模型，整合了一些具体的主题。

（一）感知

感知对消费者行为很关键，它会影响消费者意识。据统计，普通消费者每天要接触很多手机、电视、报纸、杂志、互联网和广告牌广告。研究发现，杂志或者报纸左上角的广告最受人关注。

（二）认知和记忆

如果消费者没有记忆，信息就不会起作用。记忆成为关键，认知是伴随着记忆的思维过程。认知的重要结果是信念的树立。

（三）学习

学习是行为或心理过程被经验持久改变的过程。这是消费心理学家很感兴趣的一个话题，因为他们想知道消费者是如何学习改变自己对某些产品的行为的。另外，他们希望确认这些行为的改变相对稳定，不会轻易消失。一旦有利于品牌选择的行为学到之后就要防止其消失，为了达到这个目的，公司常常“奖励”顾客，在购货时赠送顾客一些小礼物，如玩具或小装置。在 20 世纪 60 年代，商家常常在洗涤剂盒中放些洗碗布或饮水杯。

（四）情感

在消费者行为的语境中，个人情感状态影响消费者对产品的感情。心理学家非常感兴趣的是：这些对产品的感情是积极的还是消极的？这些感情是如何形成的？培养对产品的感情的方法是不断地接触产品。通过将产品与某种愉快的刺激相配对，可以使积极情感形成条件反射。

（五）动机

消费心理学家研究产品如何满足已有需要，或如何创造出原先没有的需要。售卖软饮料是前者的例子，是为了满足消费者口渴时的需要；卖给消费者不需要的新产品是后者的例子。

动机过程包括：消费者如何意识到产品（感知），形成对产品的信念（认知），记住产品（记忆），形成对产品积极联想的条件反射（学习），培养对产品的积极感情（情感），最后变得需要该产品（动机）。

二、环境心理学

环境心理学研究环境与人类行为的关系。人类与环境互动，在这个过程中，环境既影响人类，也被人类所影响。例如，环境心理学研究噪声影响和过度拥挤对行为的影响。环境心理学家常常与建筑师一起设计大楼，与城市规划师一起设计城市、公园、露天空间、动物园和博物馆。

下面，我们去了解一下环境心理学在生活中的具体应用。

（一）噪声影响

我们生活的环境越来越嘈杂。在大城市，交通、建筑施工和其他环境噪声不断轰炸我们的感觉。办公室、商城、饭店，甚至似乎无处不在的音乐时刻影响着我们的情绪和行为。

环境心理学家广泛研究了噪声对行为的影响，成果相当复杂。有时，噪声似乎对我们的影响不大。有时，根据情况的不同，噪声要么促进、要么干扰我们完成任务。总的看来，只要噪声源是可预测的，人们就能够很快地适应噪声。例如，搬到繁忙公路旁边的房子居住，你很快能够适应并完全忘记公路噪声。但是，如果你生活在安静的社区，临时出现的噪声会马上引起你的注意。

噪声还影响我们的情绪。最常引起烦恼或恐惧的是不能辨别的噪声或喧闹的噪声。关于邻居噪声的研究发现，噪声的正常程度决定我们的反应。例如，夏天割草设备的声音通常不会令我们烦恼，因为这在该时节很正常。不过，早晨八点钟窗户外的电锤声就有些令人不可接受了。越来越多的证据证明，长期接触噪声会影响我们的身体和精神健康。学童长期接触噪声会导致血压升高，精力无法集中，解决问题的耐心变差。

（二）过度拥挤和密度

环境心理学家区分拥挤和密度的概念。拥挤是指心理感受，来自隐私丧失感或被迫靠近他人而产生的过度刺激。密度指的是每个人获得的生存空间的大小。

东京是世界上人口密度最大的城市之一。它的地铁尤以过度拥挤而出名。尽管如此，东京的犯罪率相比美国人口不那么拥挤的城市而言非常低。即使拥挤对人类行为的准确效应还有待评估，我们仍然可以认定，总的来说，拥挤使我们失去控制周边环境的能力时，确实造成了高度紧张。

密度如何影响心理，部分是由你与你所接近的人的关系来决定的，你觉得在拥挤的电梯或地铁里很不舒服，却发现同样拥挤的舞会让人很愉悦。

三、建筑心理学

建筑心理学领域是一个成长中的心理学分支，它紧密融合心理学和建筑学以设计出克服与过度拥挤和密度有关的问题的建筑。在许多案例中，现存空间无须真正增加可使用的总体空间即可重塑以减少过度拥挤的感觉。例如，某研究比较了生活在不同宿舍的学生的情况，有 40 名学生住在有传统的中心长廊的宿舍里，房间排列在走廊两侧。在另一个类似的宿舍里，研究员将走廊分成两半，在走廊里安装没有锁的房门，将三个中心卧室改成休息室。学年末，改装过的宿舍的学生称拥挤的压力减少了，有了更多的朋友，与其他舍友的联系增加了。相比之下，传统宿舍的学生感到拥挤，对待其他舍友没有那么友好。建筑心理学通过改变室内设计，包括房间安排，改善了许多公司、公寓楼、医院、学校甚至监狱的生活环境。

四、教育心理学

教育心理学处理教与学的问题。大多数情况下，教育心理学家关注在教室背景下学龄儿童的学习，但其他场所也是相关的。对许多职业来说，学习是终身的活动，法律和医学里的继续教育是必需的，企业和军队也不断地培训人员。即使有不需要额外培训或教育停滞不前的职业，其数量也是微乎其微的。既然多数教育心理学家研究的是学龄儿童，本节将把重点放在这个领域，下面是这个领域研究的一些主题。

（一）学习能力和问题

教育心理学家探究学习者个体间能力与学习风格的差异，分析这些差异如何影响教学过程。他们探究适合不同能力水平学生的教学技巧，如有发展障碍的学生、天才学生等。他们还设计适于有特殊学习要求的学生的教学策略，如学习问题、生理和感觉失调、交流失调、情感或行为失调。

（二）跳级

是否应该鼓励天才学生跳级呢？常识说不行，因为孩子还小，缺乏与大孩子交往的社会技能。人们普遍认为跳级的学生不幸福，因为他们生理上和情感上都没有准备好跟大孩子打交道，特别是进入更高的年级时。但研究结果恰恰相反，跳级的孩子和没有跳级的孩子调整得一样好，甚至更好。

（三）排顺序

在小学阅读课上，老师采取什么方法让学生参与？常识建议老师随机点名，这样每个孩子都有机会参与。不仅如此，孩子们会跟随课堂进度认真听讲，因为他们不知道什么时候会被点名起来阅读。但研究认为，孩子们坐成一圈，按顺序点名比随机点名更能促进阅读取得更好的成绩。

这些教育心理学的研究发现证实：在心理学中，“常识”常常得出错误答案。

五、管理心理学

管理心理学也称组织管理心理学或行为管理学，是一门研究组织中人的行为与心理活动规律的科学。管理心理学研究的主要内容是组织管理中的心理现象，以及个体、群体、领导、组织中的心理活动规律。管理心理学对于企业管理中激励个体积极性、影响群体凝聚力、提高领导力、促进组织变革等有着重要的作用。下面介绍两个著名的管理心理学领域的理论，以加深同学们对该领域的认识。

（一）麦格雷戈的人性假设理论

人性问题是管理心理学的重要研究领域。著名管理心理学家麦格雷戈（Douglas McGregor）曾在《企业的人性面》中总结归纳了 X 理论和 Y 理论。

人性假设的 X 理论认为：大多数人生来懒惰，总想少干一点工作；一般人都没有什么雄心，不喜欢担责任，宁可被别人指挥；多数人的个人目标都与组织目标相矛盾，必须用惩罚的方法才能迫使他们为达到目标而工作；多数人工作是为了满足基本的生理需要和安全需要，只有金钱和地位才能鼓励他们努力工作；人大致分为两类，多数人都是符合上述设想的人，另一类是能够自己鼓励自己、能够克制感情冲动的人，这些人应负起管理的责任。

人性假设的 Y 理论认为：人在工作中消耗体力和智力是极其自然的事情，就像游戏和休息一样；人会朝着组织目标而努力，外力的控制和惩罚的威胁并非唯一的方法，人为了达到其自身已经承诺的目标，自然会实行自我监督和自我控制；人对目标的承诺，是为了目标达成后得到的报酬，这种报酬的项目很多，其中最终的是自我需要和自我实现的满足；只要情况适当，一般人不但能学会承担责任，而且能学会争取责任；以高度的想象力和创造力来解决组织中问题的能力，不是少数人才具有的能力，而是大多数人都拥有的能力；在现代企业中，常人的智慧潜能仅有一部分被利用，大部分都未被开发。

（二）领导行为模式理论

1985 年，贝斯提出了三种领导行为模式：交换型、魅力型和变革型。交换型领导行为模式的基本假设是：领导与下属间的关系是以两者一系列的交换和隐含的契约为基础的。该种类型的领导以奖赏的方式领导下属，当下属完成特定的任务后，便给予承诺的奖赏，整个过程就像一项交易。魅力型领导者具有努力改变现状、目标远大、自信心强、善于表达、超凡行为、对环境变化敏感、创新开拓、具有人格魅力等人格特征，并认为这些特征可以通过训练习得。变革型领导行为模式是一种建立在交易型和魅力型领导行为模式基础上的新模式。变革型领导行为是一种领导向员工灌输思想和道德价值观，并激励员工的过程。在这个过程中，领导除了引导下属完成各项工作外，常以领导者的个人魅力，通过激励下属、刺激下属的思想、关怀下属去变革员工的工作态度、信念和价值观，使他们为了组织的利益而超越自身利益，从而更加投入地工作。

除了以上介绍的这些以外，心理学在我们日常生活中的应用还体现在很多方面。心理学如此多样，吸引了有各种兴趣的人们。如果你对孩子感兴趣，那么教育心理学就可以成为你的职业选择。如果你喜欢商业和贸易，工业/组织心理学就是你努力的方向。如果你很喜欢数学和工程，人因心理学就是你要探索的应用心理学分支。

知识点5 社会心理学研究设计与方法

学前思考

本部分我们将学习如何开展社会心理研究，大家要重点阅读研究社会心理的方法论原则、研究设计、主要的研究方法等相关知识。

学习重点

一、方法论原则

社会心理学属于心理学的范畴，因此心理学研究发展中已积累起来的一些公认的原理、原则（如物质决定论原则、反映论原则、意识能动论原则、意识与活动统一原则、系统原则、发展原则等）都应受到遵循。但社会心理学由于对象的特殊性，它还应遵循该学科某些特有的方法原则。不遵循这些方法原则，即使具体方法、技术的采用看起来很科学，其研究的结论也仍有可能出现错误，甚至导致消极的社会后果。以下几个原则特别值得重视。

（一）客观性原则

客观性原则也称实事求是原则，即按照事物的实际表现（即客观指标）去揭示其内在的本来面目（本质、结构、联系与规律等），而不加任何主观臆断或歪曲。任何科学研究都会大体经历以下过程：（1）从事实出发，通过观察发现问题，借助联想与思考初步了解问题的性质、探讨的意义与是否已有人研究。（2）依据已掌握的理论进行推导，或依靠直觉对问题产生的原因提出理论假设，或对其因果提出预言。（3）通过实验或其他方法、途径将主观认识返回事实，用客观事实来检验、印证假设或扩充、修正理论。由于研究过程总要经历研究者的头脑展开主观活动，特别是心理学的研究对象具有内隐性，如果研究者不能保持实事求是的严谨态度，不了解哪些是真正的客观方法或掺有急于求成、过分自信及极度维护自尊等杂念，都足以影响研究结果的客观性或真实性，所以在科学研究特别是社会心理学研究中坚持客观性原则颇为重要。

（二）分析与综合原则

把复杂事物分解为简单的组成部分和把各部分联合成为统一的整体，是任何科学深入认识其对象的有力手段。在心理学研究中贯彻分析与综合的原则包含以下两层意思：第一，心理、意识虽然是很复杂的现象，但可以将其分解为单一内容进行专门的考察研究，然后通过综合将其看成有机联系的整体加以理解。第二，在研究某一种心理形式与现实条件的依存关系时，可以分别考察某一条件在其中所起的作用，然后将其揭示的各种规律加以综合运用。综合的观点在心理学中也被称作系统论的观点，因此这个原则也被称作系统性原则。

（三）宏观与微观相统一原则

宏观与微观是从不同的视角所见各种事物的大小范畴，在这里主要是指和社会心理有关的两种社会生活领域：一是广大社会（如一个民族、一个国家、国际社会或全世界），其中包括生产力发展水平和生产关系相适应又矛盾的情况、经济基础与上层建筑的关系、不同的社会制度与文化、一定的意识形态等现象；二是个人生活在其中的具体社会小群体（如家庭、学校、工作场所等），这里存在着生活、学习或工作的条件、人际交往和人际关系以及心理交互作用等。前者对后者有决定性的影响，但后者又不等同于前者，比如在优越的社会中，大部分小群体是好的或较好的，但也存有不良的小群体和侵犯行为；相反，在某些社会中，虽存有一些和谐的小群体和助人行为，但不能说这个宏观社会就一定是好的。前者是社会学研究的主要领域，后者是社会心理学研究的主要领域。在研究社会心理学现象时，既要着眼于微观的群体作用，也要注意到宏观社会的某些影响。在探索个体或小群体的现象时，其发现的心理规律可能对解决群体中某些问题有帮助，因而对宏观社会有间接影响；但不要简单地把它搬用到不同质的宏观社会，否则就要犯社会学中心理学主义的错误，即用心理原因代替社会自身发展规律的错误。

（四）伦理性原则

在社会心理学实验中，研究者会遇到一些伦理方面的问题。社会心理学实验必须遵守下述原则：自愿参加原则、接近真实生活原则、有利于研究设计原则、自由终止原则、充足补救原则。

二、研究设计

（一）现象描述性研究

现象描述性研究是对个体和群体的社会行为或现象进行科学、客观、精确的描述。该类研究以经验为研究对象，包括客观经验和主观经验，强调对现象的如实描述，坚持整体性原则。

（二）相关研究

考察两个或多个变量（现象）之间的相互关系，以揭示一个变量是否受其他变量的影响、影响的性质和程度如何。相关常用相关系数来衡量，相关可分为正相关、负相关和零相关。相关研究的优点在于：有一些问题，无法控制实验条件，因此只能用相关的方法加以研究，并且，用此方法可以收集到比实验法更多的资料。相关研究最大的缺陷在于：不能说明因果关系，主要是因果关系的方向无法确定，有时候两个变量之间有中介因素存在，存在相关关系并不能说明一定存在因果关系。

（三）验证性研究

验证性研究是通过确定不同变量之间的因果联系来验证假说。

三、主要研究方法

（一）档案分析法

档案分析法是根据一定的目的，收集各种现存资料，借以揭示特定社会行为、心理现象与某些社会条件之间依存关系的一种方法。这些记录包括新闻评论、病历、日记、运动统计数据、个人广告等。

1. 档案分析法的优点

（1）它是一种不被觉察的非反应性的方法，因此不存在被试意识到自己被研究而产生的心理干扰。

（2）它使一段时期内对社会心理趋势进行估计、对往事的追溯与探源、对若干课题研究的跨文化比较成为可能。

（3）它有助于某些假设的检验，有时也能提供因果关系的线索。

2. 档案分析法的缺点

（1）难以得到充分而足以检验假设的材料，而一些材料也可能包含编者由于偏见所造成的歪曲性内容。

（2）工作量大，耗时耗资多。

（3）分析有赖于分析者抽样的方法和抽象、概括及发现的能力，否则难以得出一般性结论。

（4）由于社会现象的多因性，用相关研究得出的结论只能表明两种现象有无关联，却不能说明它们是否为因果联系。

（二）调查法

采用被试自我报告的方式，可以使用有代表性的样本，简单易行，并能收集到大量的资料。调查法有以下三种类型：问卷法、测验法（主题统觉测验、罗夏墨迹测验法等）、访谈法。但也有一些问题值得注意：过分依赖自我报告，而自我报告有时候并不正确。有时候由于受到社会赞许等原因，人们的回答并不反映其真实想法。

为了使调查结果更加可信，调查的设计以及对结果的解释都离不开科学方法。在调查问卷的设计上，情境、措辞等都需要谨慎考虑。调查人员要经过一定的训练。面对样本的代表性问题，需要知道自己要研究哪个群体的态度，明白自己所选的样本能不能代表这个群体。样本在年龄、性别等重要特征上与总体类似或能代表总体。要获得这种代表性，最好采用随机抽样的方法。

（三）现场研究

现场研究是指研究者亲临被研究情境——现场，对被试的某些行为有目的、有计划地进行系统观察的一种研究方法。这种观察一般是非参与的，即研究者作为旁观者采取一定手段，也可结合问卷定期对有关现象进行观察与了解，或通过交叉蹲点进行比较。20 世纪 30 年代拉皮尔的研究就是典型的现场观察调查。目前较为流行的是参与观察，即研究者作为群体的成员与参与者，与其他成员共同生活、频繁接触与交谈，以获取更多真实的材料并观察事件的动态发展，然后通过分析得出结论。

现场研究是研究者为了克服实验室研究外部效度低而发展出来的一种研究方法，因此，其结果可以推广到生活中，其外部效度高。现场研究可以处理实验室中无法操纵的变量。除此之外，现场研究还有以下的优点：(1) 通过观察所获材料真实并有一定深度，这有助于新事实的发现。(2) 更集中注意力于人们的行为、群体情境及相互作用的活动上，克服了许多因研究者不善或不愿描述而歪曲实情的困难。(3) 采用参与观察法，研究者的本来身份不易被觉察，因而可以消除或减少被访谈者常有的人为紧张感或唐突感，从而保证了材料来源的多样性与真实性。其缺点是：(1) 它要考察的有关现象往往要等待其自发出现，而不能靠研究者的意愿去引发，有时还会遇到意外的干扰不能完成考察任务，所以往往花费较多时间与精力。(2) 社会现象的发生是多因的，考察者所把握的因素是否全面或是否为主要原因，常常有赖于其分析素养，但更多的是决定于相关研究方法本身的局限性。

（四）现场实验

现场实验是指在真实的生活情境中进行的有控制的实验。

在现场实验中，被试常常是在街头巷尾、商店、地铁、法庭中随机找到的人，他们一般不会意识到是在进行实验或充当被试。尽管实验者对实验街区、地点或接受实验的被试的身份、种族、年龄等是有意选择的，其实验的设计是按预定方案来进行的，其结果也要经过统计学的处理，但由于它摆脱了实验室实验的人工性，所以具有较强的外部效度，即研究结果有更大范围的适用性。

（五）模拟实验与实验室实验

模拟实验是指在实验室建造一个模拟实际社会生活的环境条件，并在其中进行有控制的实验的一种方法。模拟实验最大的优点是对客观环境中难以参与控制或操纵的社会现象（如犯罪、法庭审判、监狱拘禁、国际仲裁等），通过巧妙的模拟使研究成为可能，更深入理解其中的心理与行为机制。如果设计得好，条件允许，模拟实验可以重复进行，以确定结果的稳定性。其缺点如下：(1) 由于它是在人为的环境中进行的，即使设计十分逼真，被试都知道自己是在被人作为研究对象，这种意识本身将不同程度地影响其心态与行为的真实表现。(2) 它对变量的控制与操纵并不十分严格，因此所得的结果只表明与几种因素可能有关，而不可能是结论性的（或说明是因果关系）。

实验室实验则直接以实验室环境作为实验情境。实验室实验的优点是：对实验情境的控制程度高，因而内部效度高，并且方便经济，以此为基础的实验社会心理学是当今西方社会心理学的主流。其缺点是：实验情境不等于现实生活，因而结果难以推论到实际生活情境中去。

单元小结

本单元主要讲解了关于心理学与生活方面的知识，包括：心理学的定义、目标与研究领域、社会心理学的产生与发展、社会心理学的研究内容、心理学在日常生活中的运用、社会心理学研究设计与方法。通过本单元的学习，你将形成对社会心理学的初步认知。

第二单元

社会认知

学习导引

同学们好！在上一单元我们主要学习了社会心理学的产生与发展、研究对象以及研究的方法，不知道你是否已被社会心理学这门充满魔力的学科所吸引？如果你能够认真学习并运用所学知识解释日常生活中的一些现象，那么，你对社会心理学将会有更深的体会和掌握。在接下来的学习之旅中，我们将遨游于“社会认知”知识的海洋。

在日常生活中，人们时时刻刻接触他人或事物。这些人或事物有的是人们熟悉的，有的则是人们第一次看到的。对于熟悉的事物，人们往往凭经验加以处理，而对于新接触的事物，则需要人们加以分析和思考。本单元我们主要学习社会认知的相关知识，主要内容包括：自我意识、个人知觉、社会认知和归因。

学习目标

学习完本单元内容后，你将能够：

- 解释和自我意识有关的概念。
- 举例说明对他人印象的形成以及个人知觉的线索。
- 解释社会认知的图式及法则。
- 运用海德、维纳、凯利和贝姆的归因理论解释社会生活中的事件。

思维导图

接下来，让我们一步步地深入理解本单元的学习内容。首先，我们来熟悉一下本单元内容的整体框架。

以下是本单元内容的整体框架以及学习这部分内容的思维过程规划。此图可以帮助你从整体上了解本单元内容的知识结构和学习路径，包括自我意识、个人知觉、社会认知和归因。请你仔细品读和理解，建立对本单元知识的整体印象。

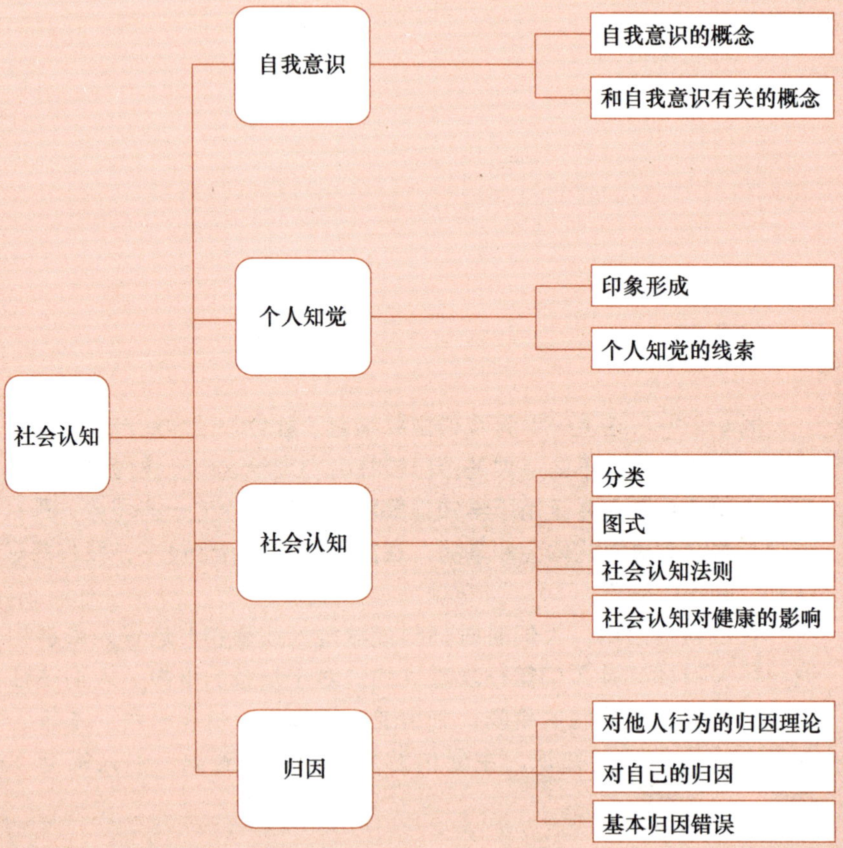

看完上面的思维导图后，你是否已经对本单元所要学习的内容以及如何学习这些内容有一个初步的整体印象了呢？接下来，我们在这个整体框架的指引下逐一学习每个知识点的具体内容。我们需要重点学习自我意识、个人知觉、社会认知过程和法则、归因理论。同时，在学完这些的基础上，要试着将它们与现实生活进行对接和思考，这样可以帮助你更好地内化所学的概念和原则。

知识点1　自我意识

学前思考

请思考以下几个问题：
“我是谁?”
“我的性格怎么样?”
“我的能力是高还是低?”
“我为什么会有这样或那样的行为?”
“我是通过什么途径认识我自己的?”

对上述问题的回答就是自我意识的有关内容。有时候，我们因为与自我“朝夕相处”，所以比其他人更了解自己；有时候，我们又“只缘身在此山中”而“不识庐山真面目”。因此，对自我的认知不是一个简单的内部求索的问题。我们生活在现实社会环境中，每时每刻都受其影响，因而往往在社会环境中寻找线索可以更好地认识自己。

本部分我们将学习自我意识和与自我意识相关的问题，对这些知识的学习有助于我们对自我的理解。在学习过程中，需要大家重点阅读和自我意识有关的概念：自我图式、自我觉知、自尊、自我提升和自我确认、自我效能、自我表演、自我障碍、自我检控、自证预言等。

接下来，让我们一起认真学习自我意识的相关知识。

学习重点

一、自我意识的概念

自我意识也称自我，是指个体对自己的各种身心状态的认识、体验和愿望。它具有目的性和能动性等特点，对人格的形成、发展起着调节、监控和矫正的作用。

二、和自我意识有关的概念

自我意识是社会心理学中最为重要的内容之一。心理学家不仅对自我本身感兴趣，而且从这个概念衍生出了很多与自我有关的概念。

（一）自我图式

自我图式是指我们用来组织和指引与自己有关信息的一套自我信念。在马库斯（H. Markus）和乌尔夫（Wurf）看来，自我图式构成了我们的自我概念，它可以帮助我们分类和提取经验。

个体自我概念的构建与以下几个方面有关：

（1）从自己的行为推断自己：人们常由自己的所作所为来推断自己的内在和自我概念：我做了什么，我就是什么样的人（我们对“我是谁”的了解）。

（2）从他人的行为反应推断自己：他人认为我怎样呢？他人对我们的反应是我们了解自己的主要途径之一。

（3）通过社会比较推断自我：通过与别人相比，人们常常会对自己有更清楚的认识。

（4）通过自我意识来推断自我：你仔细想一想你是什么样的人。一般情况下，我们可以通过让人们反省自己来了解他的自我。

（二）自我觉知

自我觉知是指个体把自己当作注意对象时的心理状态。根据自我觉知理论，当我们将注意力集中于自己时，我们会根据自己的内在标准与价值观对自己现在的行为进行评价和比较。巴斯（Buss）把自我觉知分为内在自我觉知和公众自我觉知，前者是指个体对自己内部特征和感受比较重视，后者是指个体对自己的外在方面比较在意。由于内在自我和公众自我的关注点不同，所以它们所引起的反应也完全不同。

（三）自尊

自尊是人的自我概念中与情绪有关的内容，它指一个人如何肯定与赞扬自己，是自我评价的重要维度。在心理学家看来，拥有自尊是人格成熟的重要标志。自尊作为社会心理学领域广泛关注的一个人格和动机因素，不仅影响着个体的身心健康，还影响着个体的行为选择。研究发现，相比于低自尊的个体，高自尊的个体更容易坚持自己的观点和想法。

达顿（Dutton）和布朗（Brown）的研究发现，在面临失败时，低自尊水平个体比高自尊水平个体存在更强烈的情绪困扰，原因在于失败使低自尊个体自我感觉糟糕。也有研究支持高自尊和高主观幸福感之间密切联系，鲍迈斯特（Baumeister，2003）等人认为，高自尊个体往往更积极地看待自己，相信自己在很多方面比其他人优秀，面临失败时也更为自信，同时，高自尊的个体倾向于改变情境，并且能较好地应付各类问题，产生较高的主观幸福感。

（四）自我提升和自我确认

自我提升也称自我美化、自我强化，是指个体以一种有利于对自己做正面评价的方式收集和解释有关自我的信息。从某种意义上来看，自我提升实际上是一种自利偏差。自我确认是指个体寻找和解释情境，以证实自我概念的过程。人们通过自我提升，使他人对自己有一个高的评价，从而有助于个体自尊的建立；人们通过自我确认，使别人对自己有一个一致性的认识，也有助于提高自尊。

（五）自我效能

自我效能是指一个人对自己有能力完成特定任务的信念。这一概念是由斯坦福大学的心理学家班杜拉在 20 世纪 90 年代提出的。班杜拉认为，自我效能反映了一种积极思维的力量。在他看来，人对自己能力与效率的乐观信念可以获得巨大的回报。自我效能感较高的人的行为更有韧性，他们较少焦虑和抑郁，他们活得更健康，且有更高的学业成就。正如班杜拉本人所言，自我效能概念所展现的，是个体以自身为对象的思维（self-referent thought）的一种形式，是个体在执行某一行为操作之前对自己能够在什么水平上完成该行为活动所具有的信念、判断或主体自我感受。

自我效能的作用主要体现在以下三个方面：

（1）自我效能影响人们的行为选择。日常生活中，人们时时处处都不得不做出决定：怎样行动？坚持多长时间？一个人对自我效能的判断，部分地决定其对活动和社会环境的选择。人们倾向于回避那些他们认为超过其能力的任务和情境，而承担并执行那些他们认为自己能够干的事。影响人们选择的任何因素都会对个人成长造成影响。在行动中，积极的自我效能感培养积极的承诺，并促进胜任能力的发展。

（2）自我效能决定着人们将付出多大的努力以及在遇到障碍或不愉快时的毅力和努力程度。自我效能感越强，其努力越具有力度，越能够坚持下去。当被困难缠绕时，那些对自身能力怀疑的人会减少努力，或完全放弃，具有很强自我效能感的人则会以更大的努力去迎接挑战。

（3）自我效能影响人们的思维模式和情感反应模式。自我效能感低的人与环境作用时，会夸大自身的不足和缺陷，并将潜在的困难看得比实际上更严重。这种思想会产生心理压力，使其将更多注意力转向可能的失败和不利的后果，而不是关注如何有效地运用其能力实现目标；有较高自我效能感的人将注意力和努力集中于情境的要求上，并会被障碍激发出更大的潜力。

（六）自我表演

自我表演也称自我展示，是指人们在别人对自己形成印象时所做的显露。人们致力于营造自我形象，通过推脱、辩护和道歉等方式来支撑自尊并检验自我形象（Schkenker & Weigold，1992）。在日常生活中，人们总是想让他人对自己有一个良好的印象，所以自我表演的方式也是多种多样的。社会心理学家琼斯（Jones，1982）总结出了以下 6 种自我表演的策略：

（1）自我抬高：通过行动或语言把自己的正性信息呈现给别人。

（2）显示：向他人显示自己的正直和有价值，引起他人内疚。

（3）谦虚：故意低估自己的良好品质、成就和贡献。

（4）恳求：向他人表达自己的不足与依赖，引起他人同情。

（5）恫吓：用威胁的方法使他人接受自己的观点。

（6）逢迎：说他人喜欢的话，俗称“拍马屁”。

（七）自我障碍

自我障碍，是指人们提前准备用来解释自己预期失败的一系列行为。由于人们对自我的形象很关心，所以毫无疑问，当失败可能会出现时，人们会采用自我障碍的方式来摆脱可能出现的困境。采用这种策略，如果失败了，就可以使得他人不把我们的失败归结于缺乏能力；而如果成功了，就更可能做出能力的归因。

（八）自我检控

自我检控是指人们在与他人交往的过程中，通过观察他人自我表演的线索来对自己的自我表演加以控制，即根据别人的表现来决定自己的行为。当人们认识到自己有偏见时，可以通过静下心来思考，以抑制自己的偏见反应等。

（九）自证预言

自证预言也称自我实现的预言，是指我们对他人的期望会影响到对方的行为，使得对方按照我们对他的期望行事。

知识点 2 个人知觉

学前思考

以自己现在的朋友或是周围其他人为例，思考在你与他/她初次交往的过程中，对对方最初的印象如何？随着你对对方认识的加深，你对对方有了更多的了解，那么你现在对他/她的整体印象如何？你想到的最初印象和后来的整体印象之间是否有一些偏差？这些偏差是怎样形成的？

接下来，让我们一起来了解个人知觉的相关内容。

学习重点

当我们刚刚认识一个人的时候，总是要根据有限的信息对这个人形成印象，例如，这个人是否是一个有能力的人或他的性格怎样等，这个过程被称为个人知觉。

一、印象形成

当接触新的社会情境时，个体会按照以往的经验，将情境中的人或事进行归类，明确其对自己的意义，使自己的行为获得明确定向。对他人形成印象的过程也称印象形成，它是指个体把他人若干有意义的人格特性进行概括、综合，形成一个具有结论意义的特性的过程。心理学家阿希（S. Asch）最早对此进行了系统的研究，继阿希之后，其他心理学家继续对印象形成的过程进行研究，并从以下几个方面对这个过程的特性做了总结。

（一）第一印象

在与陌生人交往的过程中，我们所得到的有关对方的最初印象称作第一印象。首因效应（primacy effect）也称第一印象作用，或先入为主效应，是指个体在社会认知过程中，通过“第一印象”最先输入的信息对客体以后的认知产生的影响作用。第一印象中最重要、最有力的是评价，即在多大程度上喜欢或讨厌对方。第一印象包含很多维度，如友善、健康等，但所有这些维度都离不开评价，评价是我们对他人形成印象的基本维度。

心理学家奥斯古德（Osgood）等人用语义分析的实验，证明了我们评价事物时的几个基本维度。在研究中，他们给被试一张配对的特质形容词表，让他们把某一特殊的人或物归到这些特质上去。配对特质包括快乐与悲伤、好与坏、强壮与软弱、温暖与冷淡等。该实验最后找出了被试评定人或事物的以下三个基本维度：

（1）评价：指对他人或事物从好与坏的方面加以评定。

（2）力量：指对他人或事物从力量的强弱方面加以评定。

（3）活动性：指对他人或事物从主动与被动方面加以评定。

奥斯古德发现，一旦某个人或物被置于这三个维度上，即使有再多的评定，也无法增加对这个人的信息。同时在这三个维度中，评价是最重要的维度，一旦人们对他人在这个维度上定位，那么对这个人的其他知觉也基本会落在同一地方。初次见面，你一旦对他人在某个维度上定位，那么你对这个人的其他知觉也基本会落在同一地方。

（二）整体印象的形成

第一印象尽管很重要，但随着人们对他人认识的深入，逐渐会形成对别人的整体印象。人们在知觉他人的时候往往会获得许多信息，那么人们是怎样把这些信息整合在一起，进而形成对他人的整体印象呢？心理学家安德森（N. H. Anderson）等人从 20 世纪 60 年代开始系统地对这个问题进行研究，并提出了几个信息加工处理的模型，这些模型在一定程度上被后来的研究所验证。

1. 累加模型

这种模型认为，一个对他人的整体印象是把所有单个品质的评估值相加而得到的。按照累加模型，如表 2-1 所示，A 的总印象分值要高于 B，因此 A 给人的印象要优于 B。社会心理学家所做的大量研究证实，在日常生活中，许多人总的印象的形成，都遵循累加模型。

表 2-1　累加模型举例

	A	B
印象分值	真诚（+3）	认真（+1）
	漂亮（+2）	懒散（−3）
	聪明（+1）	虚伪（−3）
	善良（+1）	优柔寡断（−1）
总分	7	−6

2. 平均模型

平均模型是安德森在 1965 年提出来的，该模型认为在印象形成过程中，我们以简单平均的方式处理所获得的有关他人的信息。平均模型是我们对他人形成印象时采取的最为简单的模型。

3. 加权平均模型

这个模型是安德森于1968年提出来的，按照这一模型，人们形成整体印象的方式是将所有特质加以平均，但对较重要的特质给予较大的权重。比如对科学家而言，智力因素的权重大；而对演员来说，则是吸引力的权重大。相对于前两个模型而言，加权平均模型能够解释的范围更广，它是我们对他人形成整体印象时最常使用的模型。

在印象形成过程中，某些特质起着中心作用，即与其他很多特征相联系，而另一些特质只起着边缘作用，前者被称为中心特质。比如，人们往往根据社会品质（social qualities）和智慧品质（intellectual qualities）去评价他人。这两个维度分别有正（积极）、负（消极）两极。

（三）个人知觉中的偏差

在知觉他人的过程中，人们常常会出现一些偏差，这些偏差是知觉过程的特性，人们可以注意到它，并把它们的影响降低，但人们无法避免它的存在。这些偏差包括以下几种。

1. 晕轮效应

晕轮效应又称光环效应，是指评价者对一个人多种特质的评价往往受其某一特质高分印象的影响而普遍偏高，就像一个发光物体对周围物体有照明作用一样。与晕轮效应相对的是负晕轮效应，也称扫帚星效应，主要指评价者对一个人的多种特质的评价往往受某一特质低分印象的影响而普遍偏低。晕轮效应在很大程度上影响着我们对他人的评价：一个长相漂亮的人在大多数方面都被别人给出较高的评价，只有在做父母这个维度上有一点例外，人们认为长相中等的人较适合做父母。后来的研究进一步证明，外表吸引力的晕轮效应能类化到许多与外表无关的特性上。

心理学家戴恩（Dion）等人在1972年用评定相片的实验证明了晕轮效应的存在。他们让被研究者分别看高吸引力、无吸引力和吸引力一般的三类人的照片，然后让他们对照片上这些人的某些特征进行评定，结果如表2-2所示，据此他们得出结论：高吸引力的人其各项评定特征更高。

表2-2 人的某些特征的评定

评定特征	高吸引力的人	吸引力一般的人	无吸引力的人
人格的社会赞许性	65.39	62.42	56.31
职业地位	2.25	2.02	1.70
婚姻能力	1.70	0.71	0.37
做父母的能力	3.54	4.55	3.91
社会的、职业的幸福感	6.37	6.34	5.28
总体幸福程度	11.60	11.60	8.83
婚姻的可能性	2.17	1.82	1.52

2. 正性偏差

正性偏差也称慈悲效应，是指人们在评价他人时，对他人的正性评价超过负性评价的倾向。在一项研究中，大学生把92%的教授评定为“好的”，即使学生在课堂上对他们同时有正性和负性印象时也是如此。西尔斯（Sears）认为这种偏差只发生在评定人时，他称这种现象为人的正性偏差。对于这种偏差发生的原因，心理学家有两种解释：一是由马特林（Matlin）提出的“极快乐原则”，它强调人们的美好经验对评价他人的影响，认为当人们被美好的事物包围的时候，即使后来发生了一些不愉快的事情，人们依然会依照美好的经验对自己所处的环境做出有利的评价。最后的结果是，大部分的事物总是被评价得高于一般水平，因为与不愉快的事情相比，愉快的事情更容易被人回忆起。对慈悲效应的第二种解释则仅仅限于我们对人的评价。西尔斯指出，人们对所评定的他人有一种相似感，因此人们对他人的评价要比对其他物体的评价更宽容。人们倾向于对自己做出较好的评价，所以对他人的评价也比较高。这种慈悲效应只发生在评价人的时候。

3. 首因效应

首因效应也称第一印象或初次印象，指两个素不相识的人第一次见面时所形成的印象。第一印象主要是获得被知觉者的表情、姿态、身材、仪表、服装等方面的印象。第一印象并非总是正确的，但常常是最鲜明、最牢固的。“新官上任三把火”“早来晚走”“恶人先告状”“先发制人”“下马威”等都是利用首因效应占得先机。

社会心理学家艾根在1977年研究发现，在与人相遇之初，按照SOLER模式来表现自己，可以明显增加他人对我们的接纳性，使我们在人们的心目中建立良好的第一印象。“SOLER”是由五个英文单词的首字母拼写起来的专用术语，其中：S表示坐姿或站姿要面对别人；O表示姿势要自然开放；L表示身体微微前倾；E表示目光接触；R表示放松。SOLER模式表现出来的含义就是“我很尊重你，对你很有兴趣，我内心是接纳你的，请随便”。良好的第一印象是人际交往过程中重要的影响因素。

4. 刻板印象

刻板印象又称定型效应，是指人们根据对某人所在团体的知觉为基础判断某人，在人们头脑中形成对社会上某一类人的比较固定的看法。刻板印象对复杂世界进行了过度简化，认为属于某一团体的人具有相同或相似的特性。刻板印象是人际交往中产生偏见的主要原因。刻板印象的主要特征有：(1) 它是对社会人群的一种过于简单化的分类方式。(2) 在同一社会文化或同一群体中，刻板印象具有相对一致性。(3) 它多与事实不符，有时是错误的。

“物以类聚，人以群分。”居住在同一个地区、从事同一种职业、属于同一个种族的人总会有一些共同的特征，因此，刻板印象一般说来都还是有一定道理的。但是，“人心不同，各如其面”，刻板印象毕竟只是一种概括而笼统的看法，并不能代替活生生的个体，因而“以偏概全”的错误总是在所难免。如果不明白这一点，在与人交往时，“唯刻板印象是瞻”，就像“削足适履”的郑人那样，宁可相信作为“尺寸”的刻板印象，也不相信自己的切身经验，就会出现错误，导致人际交往的失败。

5. 近因效应

近因效应是指最后给人留下的印象对个体认知的强烈影响。比如说，当需要上级和同事对某员工进行评价时，上级和同事很大程度上会依据该员工最近的行为表现来进行评价，前提是该员工以前的行为表现没有以书面的形式存档。

二、个人知觉的线索

（一）情绪

情绪是我们知觉他人的重要线索。早在 1872 年，达尔文就从进化论的角度出发研究了表情的跨文化特性，发现面部表情在任何地方都表达着同样的情绪状态，比如高兴的时候面带微笑、忧虑的时候会皱眉头等。

情绪是我们了解他人的最主要的线索。对于他人外在、可见的特质，人们知觉的准确性极高，而对他人的内部状态，比如感觉、情绪、人格等，人们知觉的准确性就要差一些。

（二）非言语线索

一般来说，人们使用三种信息通道来表达与自己有关的信息，最常用的是言语沟通，即一个人谈话的内容，其他两种是非言语的，它们提供了更微妙的线索。非言语沟通包括非言语的视觉线索和超言语线索，前者指人的面部表情、手势、身体姿势及外观行为，后者指谈话内容之外的所有的信号，如频率、振幅、速度等。

有些非言语线索能辅助人们完整地表达自己的意思。另外，非言语线索也有可能跟你所说的话矛盾。非言语线索也可以代替语言信息。例如，摆出 OK 的手势或者用一根手指在你喉咙上划过，就可以不通过任何言语来传达明确的信息。非言语线索包括以下方面。

1. 人际距离

一般而言，当某人对另一个人友善、亲密时，会选择较小的距离。当人们希望让他人觉得自己友善时，也会选择较小距离。因此，我们可以从别人选择的距离来了解他人对我们的态度。但是，我们也应该考虑到文化因素对人际距离的影响。

2. 身体姿势

身体的不同姿势传递着不同的信息，比如你高兴的时候可能手舞足蹈，而害怕的时候可能会缩手缩脚。

3. 目光接触

人们也可以用目光传递特定的信息。目光接触的意义根据背景的不同而有很大的不同。好莱坞电影中常常从一对男女目光接触开始来描写恋爱。目光接触表示感兴趣，目光中断表示不感兴趣。当与人谈话时，缺少目光接触会让人觉得你对他不感兴趣。当一个人向他人传达坏消息时，可能会避免目光接触。当人们觉得自己处于困境时，也不希望成为别人注视的焦点。

超言语线索是指语言中除谈话内容以外的线索，表现为一句话有多种含义。同样的一句话会因为重音的不同、停顿的不同或者是语调的不同而表达不同的意思。心理学家发现，与言语线索相比，非言语线索常常会暴露一个人的真正企图。

知识点 3　社会认知

学前思考

当你进入一个新的班级的时候，为了快速地记住和认识其他的同学，你会采取什么样的方法？你知道这个方法是什么样的过程吗？请根据你的实际经验来描述。

当你在和一个陌生人接触的时候，你一般会通过怎样的方式来判断他是哪里的人？

本部分我们将学习社会认知的相关内容，包括社会认知的含义、分类、图式、社会认知法则等相关知识。

接下来，让我们一起来了解社会认知的相关知识。

学习重点

社会认知又称社会知觉，菲斯克和泰勒（Fiske & Taylor，1991）把它定义为人们根据环境中的社会信息推论人或者事物的过程，具体来讲，就是指人们选择、理解、识记和运用社会信息作出判断和决定的过程。

社会认知主要包括以下三类：

（1）对他人的认知：对他人言语、行为等外部特征以及根据外部特征对其动机、情感和意图等的内涵的认知。

（2）人际认知：对人与人之间关系的认识，包括个人对个人、个人对群体、群体对个人、群体对群体、群体对自身的认知。

（3）自我认知：对自己作为社会成员的品格、地位、身份等方面的认知。

社会认知的基本假设是：人们通常努力形成对世界的准确印象，并且大部分情况下都能做到。同时，由于社会认知的性质比较复杂，人们有时也会形成错误的印象或认识。在社会认知的过程中，人们首先要进行的是对事物分类，事物分类的依据称为图式。

一、分类

在认知他人的时候，人们并不是把某个人当成独立的个体，而总是立即且自动将其归到某一类当中，这个过程就是分类，它是自发的、立即的。在分类的时候，人们采用什么标准呢？心理学家坎特（Cantor，1977）指出，人们在分类的时候，往往以他人或事物与原型的相似性为依据，也就是将被分类的物体与该类物体的一个典型或理想的范例相比较，这个范例就是原型。

在日常生活中，人们有一种强烈的倾向，就是让一个群组中的物体比实际上更为统一。对人的分类也一样，一旦把人分成不同的群体——运动员、社会学学生、数学教授——我们就有可能夸大群体内部的相似性和群体之间的差异性，从而造成“外群体同质效应”的出现——即认为类别之外的他人都是“相似的”，不同于“我们”和“我们的群体”。人们一般都喜欢那些与自己相似的人，不喜欢那些与自己不一样的人，所以这种分类最终会导致内群体偏好。

二、图式

图式的概念是由泰勒（Taylor）和克罗克（Crocker）提出来的，它是指一套有组织、有结构的认知现象，包括对所认知物体的知识、有关该物体各种认知之间的关系及一些特殊的事例。图式包含了我们对许多人物、事件以及特定事件的知识。

（一）图式的分类

心理学家根据不同的包含内容，把图式分为以下几种。

1. 个人图式

个人图式是指我们对某一特殊个体的认知结构。比如，我们对诗人李白就有一个个人图式，这个图式的内容包括：有文采、诗仙、浪漫等。

2. 自我图式

自我图式是指人们对自己所形成的认知结构，它与自我概念有着紧密的联系。你可能认为自己聪明、有同情心、乐于助人，这些都是你自我图式的内容。

3. 团体图式

团体图式是指人们对某个特殊团体的认知结构，有时候也称团体刻板印象。团体图式使得人们将某些特质归于一个特殊团体的成员所共有。比如人们常常根据团体刻板印象认为山东人勤劳、诚实等。

4. 角色图式

角色图式是指人们对特殊角色者所具有的有组织的认知结构。比如人们常常认为教授知识渊博、满头银发等。

5. 剧本

剧本是指人们对事件或事件的系列顺序的图式，尤其是指一段时间内一系列有标准过程的行为。比如我们到餐厅就餐，什么时候点菜，什么时候结账，这就是一个剧本。如果这个剧本的顺序发生颠倒，你一到餐厅还没有点菜，服务员就让你结账，你还会在这个地方吃饭吗？

（二）图式的具体作用

为了节省时间与精力，人们常常用图式化的方式去处理大量的信息。图式的重要性就在于它有助于人们快速而经济地处理大量信息，其具体作用表现在以下三个方面：

（1）它帮助人们解释新获得的信息，从而做出有效的推论。

（2）它提供某些事实，填补原来知识的空隙。

（3）它能使人们对未来可能发生的事件预期结构化，以便有心理准备。

当我们面对以多种方式加以解释的信息时，图式便显得尤为重要，因为它减少了模糊性。

总之，社会认知是一个复杂的过程，在这个过程中有许多问题都需要注意。比如在认知过程中，刚刚获得的信息与认知者原有认知结构之间的关系、信息的重要性、信息的易获得性，以及认知者的期望、动机、情绪和情境等，都会对社会认知过程和结果产生影响。

三、社会认知法则

由于我们每个人的认知资源有限，同时也由于我们所面对的情境的复杂性，所以在社会认知过程中，我们常常会遵循一些法则。这些法则具体包括以下几个方面。

（一）便利法则

便利法则是指根据一件事进入脑海的容易程度来做出判断。比如医生在诊断病情时会使用便利法则，不同疾病进入其脑海的容易程度，会影响医生的诊断。

（二）象征性法则

象征性法则是指人们根据事物与某典型事物的相似程度来加以归类。比如在人们的印象中，东北人比较高大，南方人相对矮小，如果给你一张照片，照片上的男孩子比较高大，他符合了对北方人的一般印象，你就很可能认为照片上的男孩子是北方人而不是南方人。

（三）基础比例信息

基础比例信息是指按照总体中不同类别的成员所占的相对比例信息来做出判断。比如判断某大学的一名学生是哪个地方的人，我们很容易判断为本地人，因为该大学在当地的招生比例最高。

（四）锚定与调整法则

锚定与调整法则是指人们以一个数字或数值为起始点，并依据这个起始点进行调整，但这种调整往往并不充分。

四、社会认知对健康的影响

社会认知的许多方面涉及我们的日常生活，其中最重要的一个领域就是它对人类健康和幸福的影响。心理学研究发现，这样的影响主要体现在以下几个方面。

（一）社会认知与寂寞

心理学研究表明，在社会认知过程中，如果人们只注意生活中的消极方面，那么他就可能体验到更多的寂寞。安德森指出，与那些抑郁的人一样，长期寂寞的人也经常陷入贬低自己的消极作用圈，他们经常用消极的态度看待自己的压抑，经常责备自己没有良好的社会关系，把事物看成是自己无法控制的等。琼斯（Jones）等人还发现，寂寞感较强的人常常用消极的眼光看待他人，比如他们会把自己的室友看成难以共同相处的人。

（二）社会认知与焦虑

焦虑是我们生活中不可避免的事情，比如当你去一家公司接受面试、见一位重要的人物或者是别人评价你的时候，你都可能会感受到焦虑。心理学家布鲁姆（Broome）等人研究了我们感受到焦虑的情境，发现人们对情境的认知与控制可以使人们避免焦虑。

（三）社会认知与生理疾病

随着工业化进程的发展，心理学家发现人类的行为和认知对自身的健康有着重要的影响。行为医学和健康心理学就是在这种思路的影响下发展起来的。

知识点 4 归 因

学前思考

在生活中，我们每天要遇到许许多多的事情，我们也常常要寻找这些事件发生的原因，所以归因问题是心理学家十分关心的问题。在对归因内容进行学习之前，我们先来看几个小案例，通过分析每一个案例来掌握相关的技巧。

小华平时成绩很好，在班上经常受到老师的表扬。但是在一次摸底考试过程中，她的成绩突然一落千丈。小华对此很自责，认为是自己不努力造成的。对此，作为社工的你对于小华的归因模式有什么样的看法呢？

关于归因的知识点，需要大家重点掌握海德、维纳和凯利的归因理论。

接下来，让我们一起来学习归因的相关知识。

学习重点

归因是指人们推论他人的行为或态度产生原因的过程。在研究归因问题的时候，心理学家提出了一系列的归因理论，对归因过程中人们使用的原则和方法进行了论述。

一、对他人行为的归因理论

（一）海德的归因理论

1958 年，海德（Heider）在他的著作《人际关系心理学》中，从通俗心理学的角度提出了归因理论，该理论探讨日常生活中人们如何找出事件的原因。海德认为人有两种强烈的动机：一是形成对周围环境一贯性理解的需要；二是控制环境的需要。要满足这两个需求，人们必须有能力预测他人将如何行动。因此海德指出，每个人（不只是心理学家）都试图解释别人的行为，并针对他人行为进行归因。

海德认为事件的原因无外乎有两种：一是内因，比如情绪、态度、人格、能力等；二是外因，比如外界压力、天气、情境等。海德还指出，在归因的时候，人们经常使用两个原则：一是共变原则。它是指某个特定的原因在许多不同的情境下和某个特定结果相联系，该原因不存在时，结果也不出现，我们就可以把结果归于该原因。比如一个人老是在考试前闹别扭、抱怨世界，其他时候却很愉快，我们就会把闹别扭和考试连在一起，把别扭归于考试而非人格。二是排除原则。它是指如果内外因某一方面的原因足以解释事件，我们就可以排除另一方面的归因。比如一个凶残的罪犯又杀了一个人，我们在对他的行为进行归因的时候就会排除外部归因，而会归于他的本性等内在因素。

（二）维纳的归因理论

1972 年，维纳在海德的归因理论和阿特金森（Atkinson）成就动机理论的基础上提出了自己的归因理论，该理论要说明的是归因的维度及归因对成功与失败的影响。维纳认为，内因与外因的区分只是归因的维度之一，在归因时人们还从另外一个维度，即稳定与不稳定的角度看待问题。这两个维度互相独立，就像平面坐标系中的 X 轴与 Y 轴一样。维纳进一步组合了这两个维度，如表 2－3 所示。

表 2－3　维纳的归因模型

	不稳定	稳定
内部	努力	能力
外部	运气	任务难度

维纳的归因理论最为引人注目的是归因结果对个体以后成就行为的影响，把成功与失败归于内部/外部或稳定/不稳定的原因会引起个体不同的情感与认知反应（自豪或羞耻）。把成功归于内部的稳定的因素，会使个体产生自豪，觉得自己聪明导致了成功；而把自己的失败归于内部稳定的因素，会使个体产生羞耻感。德韦克（C. Dweck，1975）发现，把成功归于努力的学生比把成功归于能力的学生在以后的工作中坚持的时间更长，把失败归于能力的人比把失败归于努力的人在未来的工作中花的时间更少。

维纳在 20 世纪 80 年代进一步发展了他的归因理论，于 1982 年提出了归因的第三个维度：可控制性，即事件的原因是个人能力控制之内还是之外？在维纳看来，这三个维度经常并存，可控制性这一维度有时本身也可以发生变化。举例如表 2－4 所示。

表 2－4　改进后的归因模型——以对考试成败的归因为例（维纳，1982）

	内部		外部	
	稳定	不稳定	稳定	不稳定
可控制	特定的努力	针对某事的暂时努力	老师的偏见	来自他人的偶然的帮助
不可控	特定的能力	心境与情绪	考试难度	一个人的运气

维纳的归因理论引起了人们对归因风格训练的兴趣，即怎样帮助人们发展出适应性更强的归因风格。

（三）归因风格理论

心理学家阿伯拉姆森（Lyn Abramson，1978）提出了抑郁型和乐观型的归因风格，并把它与日常生活联系起来。抑郁型的归因风格把消极的事件归于内部的、稳定的和整体的因素之上，把积极的事件归于外部的、不稳定和局部的因素之上，所以具有这些风格的人常常从消极的方面去解释生活和理解他人。相反，乐观型归因风格的人把积极的事件归于内部、稳定、整体的因素，而把消极的事件归于外部的、不稳定和局部的因素上去。彼得森（Peterson）和塞利格曼（Seligman，1987）在一项档案研究中就发现这两种归因风格对个体的健康有影响，尽管他们不能说出太多的理由，但是以下几个方面的原因还是有可能的：

（1）抑郁型归因风格影响个体的免疫系统，其作用机制与紧张类似。

（2）抑郁型归因风格的人不是一个好的问题解决者，他们注定会在问题解决中变得疯狂。

（3）抑郁型归因风格的人常常忽视自己的健康，缺乏适当的营养、睡眠和运动。

（4）抑郁型归因风格的人在面对疾病的时候比较被动，不会主动地去寻求帮助。

（四）凯利的三维归因理论

凯利（Kelly）吸收了海德的共变原则，于1967年提出了自己的三维归因理论。他认为任何事件的原因最终可以归于三个方面：行动者、刺激物和环境背景，如对张三打李四这件事的归因，张三是行动者，李四是刺激物，打架时的环境是背景。凯利指出，在归因的时候，人们要使用三种信息：一致性信息——其他人也如此吗？一贯性信息——这个人经常如此吗？独特性信息——是否此人只对这项刺激以这种方式反应，而不对其他事物作同样的反应？凯利认为有了这些信息，人们就可以对事件归因。另外，凯利还提出了在归因过程中人们会使用到的另外一个原则：折扣原则，即特定原因产生特定结果的作用将会由于其他可能的原因而削弱。这一原则广泛应用于我们对他人行为的归因。

（五）对应推论理论

琼斯等人于1965年提出的对应推论理论适用于对他人行为的归因，该理论试图解释在什么条件下我们可以把事件归于他人的内在特质，即人格、态度、心情等。琼斯等人认为，一个人的行为不一定与他的人格、态度等内在品质相对应，比如一个善良的人误杀了一个人，我们能说他是一个坏人吗？显然不能。那么什么时候我们能推论一个人的行为与他的内在品质相对应呢？琼斯等人提出了两个条件：一是行为的非期望性与非顺从性，如一个人做了不道德的事，我们就能从其行为推论出他是一个不道德的人。二是行为的自由选择性，如果一个人的行为是其自由选择的，而不是在外界强大的压力之下做出的，我们也会认为他的行为代表了他的内心。

二、对自己的归因

上面的几种归因理论都是针对他人行为的，那么人们对自己的行为怎样归因呢？贝姆（Bem）的理论主要涉及人们如何看待自己的问题，他的理论被称为自我知觉理论。在这个理论中，贝姆认为人们往往不清楚自己的情绪、态度、特质和能力等，因此对自己的推论也是依赖于自己外显的行为。在贝姆之后，其他的心理学家系统地研究了人们对自己各方面的归因，发现人们对自己的态度、动机和情绪进行归因时所采用的方式有一定的规律。

（一）对自己态度的归因

一般情况下，人们会认为自己是靠反省及不断检讨自己意识里各种不同的认知和情感因素而形成自己的态度，但贝姆反对这种观点，他认为人们所能知觉到的有关自己态度的内在线索很少且模糊不清，因此人们实际上是通过观察在不同压力环境下的自己的行为而了解自己的态度，并非通过对内在感受的内省而了解自己的态度。

（二）对自己动机的归因

心理学家指出，最少的报酬将引发对工作最大的内在兴趣，因为个体将工作成就归于内在兴趣而非外在奖励。也就是说，如果一个人从事一项工作的理由被过分正当化的话，不知不觉会伤害到他参与该活动的内在兴趣。

（三）对自己情绪的归因

传统观点认为，人们会考虑自己的生理状态、心理状态及引起这些状态的外在刺激，进而认定自己的情绪。但最近的研究表明，情绪反应在性质上并无两样，人们能区分出高低不同的激起状态，但无法辨别出不同类型的情绪。

三、基本归因错误

人们经常把他人的行为归因于人格或态度等内在品质上，而忽视他们所处情境的重要性，罗斯（L. Ross，1977）称之为基本归因错误。这种错误的产生与两方面的因素有关：一是人们总有一种对自己活动结果负责的信念，所以人们会更多地从内因去评价结果，而忽略外因对行为的影响；二是因为情境中的行动者比其他因素突出，所以人们把原因归于行动者，而忽略情境背景。

最早提出基本归因错误的是海德（1958），但最早证明基本归因错误的是琼斯和哈里斯（Jones & Harris，1967）。琼斯和哈里斯在一个实验中要求一名学生受试者阅读一篇短文，并宣称文章的作者是另一名学生（目标人物）。需要说明的是，这篇短文就当时的某个重要社会论题明确提出了支持或反对的观点。在所谓“没有选择”的实验条件下，研究者清楚地告诉受试者，目标人物在撰写该篇文章时对于自己究竟采用哪种观点是没有选择的。比如说，目标人物是在政治考试中被要求写一篇文章赞同卡斯特罗（Castro）统治的古巴。在这样的限制条件下，人们通常会预期这一信息将消除文章反映作者真实信念的任何预设。但有趣的是，相对于那些阅读持反对态度的文章的受试者来说，阅读持赞成态度的文章的受试者更多地报告说，他们认为文章的作者本身就可能是持赞成态度的。

基本归因错误有时表现为行动者与观察者之间的偏差：当人们作为一个评价者对他人的行为进行归因的时候，往往倾向于稳定的内部的归因，如人格、动机或态度等，即使有明显的情境限制或社会原因导致这种行为时也是如此；当人们作为自我评价者对自己的行为进行归因的时候，往往倾向于进行外部的归因，即观察者高估个人特质因素的作用，行动者高估情境因素的作用。

单元小结

本单元主要讲解的是社会认知方面的知识，包括：自我意识、个人知觉、社会认知和归因。通过本单元的学习，你可以更好地理解与人类认知有关的问题和重要理论，运用不同的归因理论解释生活中的现象。

第三单元

社会行为

学习导引

同学们好！通过上一个单元的学习，你了解什么是社会行为吗？本单元我们将进入社会行为的天地，学习社会行为最基本的概念、社会行为的分类以及不同的社会行为形成的原因等。学了本单元的课程后，你将会了解个体在做出某一行为时的动机。

通过本单元的学习，你能够掌握以下知识：明了社会行为从不同角度的解释；了解什么是侵犯行为，其影响因素有哪些以及如何减少侵犯行为等；掌握关于亲社会行为的理论解释、影响因素以及如何增加助人行为等。个体不同，所做出的社会行为也会有不同，作为学习者，要掌握不同社会行为的解释方法以及如何将侵犯行为转变为亲社会行为。

学习目标

学习完本单元内容后，你将能够：

- 辨析遗传因素与环境对人类行为的影响及二者的相互作用。
- 描述什么是侵犯行为、侵犯行为产生的原因、影响侵犯行为的因素。
- 举例说明控制侵犯行为的方法。
- 描述什么是亲社会行为、产生亲社会行为的原因和影响亲社会行为的因素。
- 举例说明亲社会行为的促进与培养的方法。

思维导图

接下来，让我们一步步地深入理解本单元的学习内容。首先，我们来熟悉一下本单元内容的整体框架。

以下是本单元内容的整体框架。此图可以帮助你从整体上了解本单元内容的知识结构和学习路径，包括人类社会行为的基础、人类的侵犯行为、人类的亲社会行为等。请你认真品读和理解，帮助自己建立对本部分知识的整体印象。

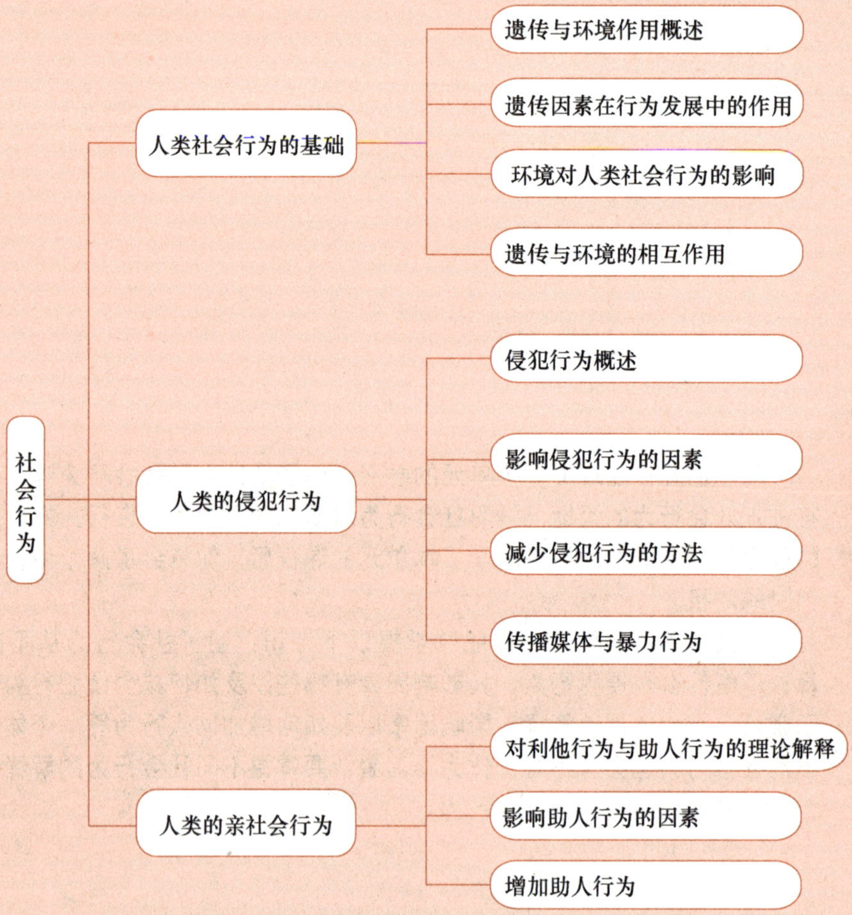

看完上面的思维导图后，你是否已经对本单元所要学习的内容以及如何学习这些内容有了初步的印象了呢？接下来，我们在这个框架的指引下逐一学习每个知识点的具体内容。我们需要重点学习侵犯行为和亲社会行为及其各自的影响因素等方面的知识，掌握这些知识的内涵。同时，在学完这些知识的基础上，要试着将它们与实际生活和工作中的某些案例进行对接和思考，这样可以帮助你更好地内化所学的知识。

知识点 1　人类社会行为的基础

学前思考

婴儿会通过哭闹引起家长的注意，遇到危险时我们会本能地躲避，学生会模仿班里优等生的行为……在人类心理与行为的发展中，遗传与环境都起着一定的作用。遗传对于行为发展的影响是什么？环境通过什么方式对人类社会行为发展产生影响？

接下来，我们一起来学习人类社会行为的基础。

学习重点

一、遗传与环境作用概述

在人类行为的发展中，遗传与环境到底起什么样的作用，这一直是心理学家及其他行为科学家争论的问题。亚里士多德认为，人类的灵魂与动物不同，它有意识和自由意志。受亚里士多德观点的影响，遗传因素对人类行为的重要性被大大低估，人们过分地强调外界环境因素对行为的决定作用，表现在心理学上，就是行为主义占据美国心理学的主导地位达半个世纪之久。华生认为，人的行为除了少数简单的反射外，完全是由外界环境塑造的，只要控制环境事件，就可以塑造出不同的人。

但与这种思路相反的是，在心理学发展早期，人们对先天遗传因素的作用更为看重。麦独孤在分析人类的社会行为时就强调了基于遗传的本能因素。他指出，人类的所有行为都可以用本能来解释，本能加上一些经验的作用过程，就能构成人类的一切活动，并进一步形成个人品质与民族特性。弗洛伊德甚至把本能理论推向了极端，其早期的精神分析理论认为，人的一切行为动机都和性本能冲动有关。尽管后来他自己及其后继者对这一理论在某些方面做了修改，但总体上依然是以内在动机和倾向解释行为的产生，环境的影响并没有体现在他的理论之中。

随着心理学的进一步发展，人们认识到了环境与遗传共同决定着人类的心理与行为。比如社会学习理论认为，个人的行为不是由动机、本能、特质等内在因素所决定，也不是由环境力量所决定，而是由个人与环境的相互作用所决定。班杜拉的观点被许多心理学家所接受，他的这种整合使得心理学家有可能去揭示人类心理与行为的本质。但是这种平衡很快就面临着新的挑战，20 世纪 70 年代末期出现的社会生物学以及 20 世纪 90 年代认知神经科学的兴起都说明了这一点。社会生物学家通过对动物及人类某些行为的研究指出，人类的社会行为也可以通过遗传而获得（比如人类的利他行为），认知神经科学的研究者也想从脑与神经层次证明行为的客观基础，这种客观基础是来自遗传的。

也许从表面上人们并不认为这个问题有多么重要，因为从事社会行为研究的科学家与从事基础性脑研究的科学家并没有为此发生争论，但是对“遗传和环境因素到底对行为有什么样的影响”这个问题的回答却会对心理学发展的方向产生重大的影响，并且从根本上有助于我们认识人类行为的本质。以对这个问题的研究为主线，通过分析相关的理论与实验证据，使当前的心理学家认识到对这个问题不可能有一个非此即彼的回答。

二、遗传因素在行为发展中的作用

（一）生物学理论的观点

任何一种行为都有它的遗传基础，这是无可争辩的事实。达尔文的进化论从自然选择的角度分析了生物遗传因素在有机体发展中的作用。他认为，个体由于基因构成的不同而对环境的适应性不同，适应的生存，不适应的则被淘汰。这一理论成功地解释了人类情绪的发展，他发现人类通过面部表达情绪具有固定模式，这种模式是人类长期进化的结果。埃克曼（Ekman）等人也发现了人类情绪表达的普遍性（不同国家、地区基本一致）、内在性（自然产生的过程）及一致性（儿童与成人一致）的证据，这些证据都支持了进化论对人类情绪发展的解释。

但是与低等动物不同，人类的许多社会行为，如合作、父母为后代的献身及利他行为，并不能用进化论进行解释。为了解释这些行为，汉密尔顿（Hamilton）用近亲选择进一步扩展了进化论的范围。他认为，自然选择不仅通过给个体好处而存在，而且也通过给予个体基因类似的其他个体好处而起作用。这样，一个对个体不利的特征（如助人）会因为个体间有足够的近亲而被选择。汉密尔顿的观点后来被威尔森（Wilson）等人引入了社会生物学（Sociobiology）理论。按照这一理论，无论是通过直接还是间接的方式，基于遗传的动物与人类行为总是以最大限度地生产后代为目的。汉密尔顿、威尔森等人所提出的这一理论很快受到了人们的追捧，在20世纪80年代出尽了风头。但可惜的是，与其他源于生物学基础的理论一样，它所能解释的行为很有限，因而无法长久地对心理学的发展方向产生影响。

（二）遗传与心理发展的关系

任何一种心理特质与行为都受遗传因素的影响，但是针对不同的心理特质与行为，遗传影响的大小不一样。起初，人们认为遗传的影响在生活的早期较大，而环境的作用在以后的发展中更大，可惜没有证据支持这一观点。相反，霍恩（Horn）等人发现，随着年龄的增加，基因对智能发展的影响越来越重要。比如基因差异可以解释婴儿在发展测验分数中15%的变异，而对儿童来说，基因对IQ的贡献超过50%。普劳明（Plomin，1987）在一篇综述文章里对这方面的研究做了总结。他指出：不论基因性影响的大小如何发生变化，它对人的心理与行为的影响都随着年龄的增加而加大。

从特质上讲，基因对身体和智力特征的影响要大于它对社会与人格特质的影响。这样讲并不是否认基因对后者的作用，实际上基因对人格特质的影响已被许多研究者证实。爱维斯（Eaves，1983）通过研究个体儿童与成人期人格的关系发现，在各个年龄阶段，不论是人格特质（如内-外向、神经质），还是个体差异（如社会赞许倾向、害羞等），很大程度上由遗传因素决定。

三、环境对人类社会行为的影响

在心理学体系中，对环境在人类心理与行为发展中作用的研究是从行为主义开始的。早期的行为主义者用一种极端的形式突出了环境的影响，在一定程度上夸大了环境的作用。现在，随着心理学的进一步发展与分化，人们从很多方面找到了后天环境因素对人类发展的重要性。

（一）家庭环境

家庭是人们接受环境影响的主要场所，个体的人格成长与社会技能的掌握主要是在家庭中完成的。不同的家庭教养方式对儿童的心理发展有着极为不同的影响，这一点已经被许多领域的心理学家所证实。即使在同样的家庭中，孩子也面临着不同的对待方式。正如阿德勒在分析出生顺序的时候所认为的，父母对待不同出生顺序孩子的方式不同，从而造成了孩子们在依赖感、成就行为等方面的差异。

基于这种思路，现在的心理学家在研究家庭影响的时候不再把一个家庭看成对每一个孩子有同样影响的地方。实际上，在成长的过程中，孩子们往往面临着两种家庭影响：共同性的影响与非共同性的影响。前者指在家庭内部所有儿童共同面对的环境，如社会阶层、教育水平、儿童养育哲学等；后者指家庭内部父母对不同孩子的区别对待方式。普洛明和丹尼尔斯（Plomin & Daniels）指出，就对儿童成长的作用而言，后者的影响更大。比如，收养的孩子即使与家庭当中其他孩子面临同样的家庭环境，由于父母对待他们的方式的不同，使得他们的人格发展与其他孩子不一样。因此，在家庭内部，对孩子发展影响最大的是孩子所面临的特殊环境，而不是一般性的家庭因素。也许正是由于这一原因，迈克比（Maccoby）提出，家庭研究的方向应该由家庭间转到家庭内。

（二）文化环境

环境影响行为的另一个重要层次是文化。与生物进化一样，文化也存在着进化的问题。文化进化是指文化特征由上一代向下一代传递的过程，它往往以文化与社会规范的形式表现出来。按照文化进化的观点，人的成长离不开社会与文化环境，文化不仅为个体的发展提供了目标与内容，而且社会化本身就是一个文化影响个体的过程。

与生物进化不同，文化进化有自身的特色。第一，从速度上看，与生物进化相比，文化进化的速度要快得多。生物进化一般要经过成千上万年的时间，而文化进化则经过一代或几代人就能完成。文化进化的基础是知识在代与代之间的传递。第二，从结果上看，生物进化使人或动物拥有一些特质，文化进化决定了人们如何使用这些由遗传得来的能力。

文化差异对人的行为的不同影响可以说明文化的作用。莫雷利（Morelli，1992）在中非的研究就发现，与一般社会不同，由于当地的习俗是父亲带孩子，所以父子关系对孩子成长的影响显得更为重要。在其他社会中，母子关系起这样的作用。恩贝尔（Ember）通过研究肯尼亚一些部落中男孩与女孩的性成熟原因，发现父母的关注是造成女孩性成熟早的根本原因。在成长的早期，如果给男孩同样的关注，就没有性成熟上的性别差异。

四、遗传与环境的相互作用

在人类心理与行为的发展中，遗传与环境的作用从来都是不可分割的。遗传提供了生理上的基础，而环境提供了发展的空间。许多证据可以说明二者之间的相互影响。

（一）遗传建构环境的观点

斯卡尔（Scarr）提出，孩子的遗传特征与其养育环境有着紧密的联系，它们之间的关系可以表述为“用遗传特征建构生活环境”。这种建构有以下三种形式：

（1）被动型：父母向孩子提供遗传特质和经验，使遗传与环境不可避免地发生关系，如家里的藏书量和父母对读书的兴趣对孩子的影响。

（2）唤起型：孩子在遗传基础上作出某种反应后，这些反应进一步强化了遗传特征，如爱笑的孩子受到的关注比不爱笑的孩子多，而受到关注本身又会强化笑的行为。

（3）主动型：人们基于遗传特征选择适合自己的环境。

斯卡尔认为，个体的成长就是遗传与环境相互作用的结果。正如洛伦茨（Lorenz）所言：“人类的内在活动系统不仅受生理遗传的影响，而且受环境与文化传统的影响。”

另外，从社会文化与生理变化的关系来看，尽管它们是不同的过程，但它们总是一起进行的。就像斯腾伯格（Robert J. Sternberg）所论述的那样，使用遗传努力越多的社会，所获得的资源也越多，进步也将越快，而这一切的实现要通过文化和社会化，教育与学习是这一过程的关键。遗传特征的进化通过生理过程，社会文化的进化则通过发展不同的规范。

（二）行为遗传学的证据

遗传和环境影响行为，但它们的相对影响到底有多大一直是人们争论的问题，行为遗传学的出现在一定程度上平息了这种争论。为了区分二者的相对影响，行为遗传学提出了两个前提：一种心理或行为（如智力分数），如果在不同的时间及情境下相一致，那它就可以归于遗传；一种心理或行为（如侵犯行为），如果可以通过持续强化而使之巩固下来并保持稳定，就可以认为它由环境决定。在这两个前提的基础上，行为遗传学强调遗传因素对行为有决定性影响，但它同时认为遗传并不直接决定行为，它只是行为产生的生理基础，而行为的发展受环境的影响。以身高为例，来自父母的遗传和环境中的营养因素同样重要。

行为遗传学通过家系研究、收养研究和双生子研究来区分二者的影响。戈特斯曼（GotteSman）的家系研究发现，在精神分裂症患者的亲属当中出现精神分裂症的概率是一般人群的9～13倍。霍恩在得克萨斯的一项收养研究也发现，从个体的角度看，孩子的智商与生母的智商相关性更高，因此他认为智力的个体差异由遗传决定；同时也发现，从群体的平均智力来看，收养的孩子的智商与养父母的更相似。这个结果尤其适用于生身父母智商较低的孩子。从一个不好的家庭进入一个好的家庭，孩子的智商可以提高15～20分。

双生子研究通过对同卵双生子和异卵双生子的研究来区分二者的影响。由于前者所携带的遗传信息是后者的两倍，所以可以用定量的方法加以估计：$H_2=2\ (R_{mz}-R_{dz})$，其中H_2代表遗传可解释的变异，R_{mz}和R_{dz}分别代表同卵双生子和异卵双生子的智力相关系数。例如，同卵双生子之间的智力相关系数为0.75，异卵双生子之间的智力相关系数为

0.50，则 H_2＝2×（0.75－0.50）＝0.5＝50%。也就是说，智商差异的50%源于遗传。对同卵双生子来说，环境可以解释另外25%。在此基础上，一些行为遗传学家用这种方法进一步估计了遗传和环境的相对影响，指出在人格特质上遗传的作用占50%，大于环境的影响。而在精神分裂症与情感异常方面，环境的影响要大一些（20%～50%）。智力的50%～80%基于遗传，15%～25%与后天环境有关；酗酒则主要由遗传决定。

（三）概率渐成论

戈特利布（Gottlieb，1998）在《心理学评论》上发表了一篇文章，从概率渐成论的角度分析了遗传与环境在生物学基础上如何对人起作用。他指出，分子生物学强调基因对蛋白质结构的作用是通过DNA—RNA—蛋白质合成，与此相反，概率渐成论则认为是来自机体内部与外部的环境信息激活了DNA，从而产生了适当的蛋白质。托比（Tooby）等人也同意这种观点，他们认为在有机体的发展中，基因起了一部分作用，环境则起着另一种作用，二者的协作是构成有机体的重要前提。

弄清遗传与环境对人类行为的作用问题对心理学的发展具有指导意义，它有助于我们对心理学的发展趋势有一个清楚的认识。比如20世纪80年代兴起的社会生物学和20世纪90年代产生的认知神经科学强调了客观生理因素对人类的重要性，反映了人们对这个问题认识的深入，但似乎又有矫枉过正的危险。正如埃里克·特克海默（Eric Turkheimer，1998）所指出的，认知神经科学的发展与遗传技术的进步反映了生物遗传因素在心理学发展中的地位受到重视，人类的任何一种行为特征都与遗传有关，都有它的生理基础，也都在某种程度上与一定的脑功能相联系。但是，如果我们仅以此为基础去理解人类的行为，那将是可笑的，因为生理基础和行为不在同一个层次上。

从实践来看，区分这个问题对教育观念的转变具有重要的现实意义。素质教育是以承认个体差异为前提的，这种差异既有遗传的基础，又受环境的影响。因此，对具有不同能力水平的人，教育的目的与要求也应该有所差异，否认这种差异就如同否认教育的作用一样是不可取的。所以，我们所倡导的素质教育应该是因人而异，而不是对不同爱好、不同能力的人采取千篇一律的做法。

知识点2　人类的侵犯行为

学前思考

在学习本知识点以前，回顾一下上一知识点中所学的知识，结合所学知识探讨下列案例：

2010年4月12日16:30，广西合浦县××镇××小学门前约400米处，杨××用菜刀连砍7人，造成一名8岁男孩和一名80岁老妇死亡，另有两名小学生、一名学龄前女童及两名村民受伤。

请和大家一起探讨一下，从社会心理学的角度出发，有哪些因素造成杨××采取这样的行为？怎样才能减少这样的行为呢？

了解了人类行为的基础之后，我们来认识一下人类的侵犯行为。本知识点我们主要学习人类行为中的侵犯行为，了解其基本概念、影响侵犯行为的因素以及减少侵犯行为的方法等内容。相信经过这部分内容的学习，同学们对于人类的侵犯行为会有更深刻的认识，也能够很好地将所学的知识应用于实践中。

学习重点

一、侵犯行为概述

（一）侵犯行为的基本概念

侵犯行为是指任何试图伤害或危害他人的行为，它是心理学家最为关注的人类社会行为之一。这种行为之所以受到重视，主要与第二次世界大战以及1964年发生在美国的一起暴力案件有关。在第二次世界大战结束之后，审判战犯的工作给人们出了一道难题：那些在第二次世界大战中杀人如麻的纳粹军官声称他们之所以杀人，是因为他们必须服从命令，所以他们辩解自己无罪。另外一件事是：在1964年的一个晚上，当一名妇女在遭受歹徒的袭击时，有几十户居民听到了她的呼救，但却无人救助，甚至无人打电话报警。这两件事促使美国的心理学家开始关注人类的暴力和助人问题，从而使得在几十年之后，这两个问题成为我们分析人类行为的核心。

对侵犯行为的界定要注意以下三个方面：

（1）它必须是一种行为，而不是一种意图，尽管这种行为伴随着意图。

（2）从效果上看，这种行为可能是反社会行为，也可能是亲社会行为。大多数侵犯行为不为社会所认可，比如打架斗殴等，但也有一些侵犯行为是社会所赞同的，我们称之为认可的侵犯行为，比如教练对不认真训练的球员加以惩罚等。

（3）侵犯行为必须伴有侵犯性的情绪，比如愤怒。尽管外在行为不一定总能够反映一个人的内在情绪，但大多数情况下侵犯总是与愤怒联系在一起的。之所以强调这一点，是为了把侵犯行为与一种被称为工具性侵犯的概念区别开来，后者指的是为了获得利益而做出的伤害他人的行为，如职业杀手的杀人行为。另外，区分敌对性侵犯和工具性侵犯也是有意义的。敌对性侵犯是一种源自愤怒的行为，其目的是将痛苦或者伤害施加给别人。工具性侵犯则是有伤害他人的意图，但这种伤害是作为达成目的的手段，而非以造成痛苦为目的。

（二）侵犯行为的生理基础

人类身上的侵犯行为和大脑中某个核心区域有关，这个区域被称为“杏仁核”。这个区域被刺激后，温顺的动物会变得暴戾，而当这个区域的神经活动受阻后，暴戾的动物会变得温顺（Moyer，1976）。但也必须注意到，这些表现是有弹性的，社会因素会对神经机制的作用产生影响。例如，一只雄性猴子面对比它弱的猴群时，若其脑中的杏核仁受到刺激，它就会攻击其他猴子，但是当这只猴子面对比它更强的猴子时，即使其脑中的杏核仁受到刺激，它也不会去攻击对方，而是会逃之夭夭。

某些化学成分被证明会影响侵犯行为，例如复合胺，它是存在于大脑中的一种化学物质，会对侵犯行为产生抑制作用。在动物身上，当复合胺受到抑制后，侵犯行为就会增加。对人类而言，有研究发现，犯罪分子的复合胺分泌水平比常人低。实验室研究表明，当复合胺生产被阻断后，正常人的侵犯行为会增加。一种称作睾丸激素的雄性激素也具有这样的作用。给实验室中的动物注射睾丸激素，会使它们变得更加具有侵犯性，在人类的身上也有同样的发现：暴力犯身上自然生成的睾丸激素显著地高于非暴力犯。

遗传因素也会影响侵犯行为。一个人在幼年时期表现出来的气质通常是稳定的，在 8 岁时没有表现侵犯倾向的儿童，成年后也不会成为具有侵犯性的人。在分开抚养的条件下，相对于异卵双生子来说，同卵双生子在“脾气”和“打架”方面的一致性更高。如果同卵双生子中的一个有犯罪记录，那么另一个有 50%的可能也有犯罪记录，而在异卵双生子中，这一可能性仅为 10%。一项长期研究对几百名新西兰儿童进行了追踪，结果显示侵犯行为是由一种能够改变神经递质平衡的基因和童年时期的受虐经历共同决定的。侵犯性和反社会行为并非单纯地只受“不良”基因或者“不良”环境的影响；相反，基因会使某些儿童对虐待更敏感、反应更强烈，先天和后天因素是相互影响的。

（三）文化与侵犯行为

侵犯行为会在儿童早期生活中的各种行为（包括游戏）中明显地表现出来。法弗（Farver）等人（1997）对美国、瑞典、德国和印度尼西亚的 120 名儿童进行了研究，研究人员要求 4 岁的孩子分别以带有侵犯性的和不带有侵犯性的两个玩具讲两个故事，发现美国儿童讲述的故事比其他研究组讲述的故事包含了更多的侵犯的观念，使用攻击的词和带有敌意的字眼。这或许是由于早期的家庭经历或者电视上的侵犯行为影响了儿童的反应。

一般来说，当侵犯来自团体内的权威而不是更低级别的团体成员或团体之外时，集体主义文化下的成员更能容忍这些侵犯。

（四）愤怒与侵犯行为

每个人都有“愤怒”的经历。愤怒常常是侵犯行为产生的根源。那么，人们为什么会愤怒呢？心理学家对这个问题的分析表明，以下几个因素会使人们愤怒。

1. 遭到他人攻击或烦扰

这是引起愤怒的最常见的原因。心理学家研究发现，当人们闻到恶臭的气味、烦人的烟味，或看到令人恶心的景象时，侵犯性情绪就会上升。对于他人的攻击，人们常常采用“以牙还牙”的方式加以报复，而这又使侵犯行为因交互报复而扩大。有关家庭暴力的研究结果显示，交互报复会酝酿更多的家庭暴力。

2. 遭受挫折

挫折是指任何妨碍个体获得快乐或达到预期目的的外部条件。如果他人阻碍了我们做自己喜欢或想要做的事情，他人就是挫折。早期的挫折侵犯理论把挫折和侵犯看成互为因果，即挫折必然导致侵犯，侵犯也必然以挫折为前提，并且认为宣泄是减少侵犯的有效方法。约翰·多拉德（John Dollard，1939）等人提出的挫折侵犯假设（The frustration-aggression hypothesis）认为，当一个人意识到自己在目标的达成上受到阻碍时，他做出侵犯反应的可能性会提高。

当我们把自己和他人进行比较时，我们的挫折感就会变得较为复杂。例如：某工人的幸福感取决于与同一条流水线上的其他人相比该工人获得的报酬是否公平；提高城市警察的工资虽然可以暂时提高他们的士气，却可能同时降低该市消防员的士气。这种感觉称为相对剥夺，它可以解释为什么在贫富差距大的国家和社会里，人们的幸福感较低而犯罪率较高。

但是，随着研究的深入，人们对挫折侵犯理论又提出了一些批判。米勒（1941）发现，挫折并不一定导致侵犯。研究者发现，当我们感受到挫折是无意而不是有意的时候，我们并不会有侵犯行为。另外，挫折侵犯理论对宣泄的看法也未必全对，马里克和麦坎德利斯（S. Mallick & B. McCandless，1966）对小学三年级儿童进行了一项实验：儿童两两一组玩堆积木游戏，每组当中有一名儿童实际上是实验者的助手，其任务或是让被试完成堆积木的任务，或是阻碍其完成任务。之后一部分儿童（包括受到挫折和没有受到挫折的儿童）参加打靶，剩余的儿童和老师聊天，老师告诉其中一部分儿童在实验过程中他们的同伴累了或是情绪不好，而对另一部分儿童仅仅谈了一些中性的话题。在经过这些干预之后，让助手儿童进入另一间屋子玩堆积木的游戏，让最初的被试有机会帮助或阻碍这些助手儿童完成任务，被试可做的是按“伤害键”不让助手儿童完成或不按该键使其完成任务。结果发现，除非告诉被试同伴是由于疲劳或情绪不好，否则挫折一般会引起侵犯行为。这一结论说明，当人们认为他人有意给我们造成挫折时，更可能以侵犯行为回应之。

针对这些争论，柏科维兹（1989）修改了这一理论。他认为挫折只是引起侵犯的因素之一，这些因素还有疼痛、极端的温度、遇到讨厌的人等。挫折对人们的心理和行为有着很大的影响，史特劳斯在家庭暴力的研究中发现，在美国家庭中造成挫折的原因依次为：性生活、社交活动、金钱、儿童教养。在我国，情况也差不多，只是顺序有一些不同，上述四种因素正好倒了过来。我们中国人非常重视孩子的培养与教育，孩子的问题往往成为家庭的首要问题。

3. 归因的影响

一个事件之所以能产生愤怒或侵犯行为，关键在于受害者必须知觉到这种侵犯或挫折是他人有意造成的伤害，因此人们对他人行为的归因会影响到自身会不会愤怒以及处理愤怒的方式。当人们认为他人故意给自己制造麻烦或伤害自己时，往往会产生愤怒的情绪，而当人们认为他人是无意中伤害自己时，一般不会产生愤怒。

那么，当人们感到愤怒时，又是如何反应的呢？心理学家分析了人们愤怒时的反应，指出人们常常会表现出如表 3－1 所示的四种反应。

表 3－1　当人们感到愤怒时的反应

反应类型	侵犯冲动	实际侵犯
直接的攻击行为：		
口头或象征性攻击	82%	49%
予以拒绝或收回某些利益	59%	41%
身体攻击	40%	10%
间接的攻击行为：		
向第三者诉说、诅咒	42%	34%

续表

反应类型	侵犯冲动	实际侵犯
破坏对冒犯者有重要意义的东西	25%	9%
替代性攻击行为：		
攻击无生命物体	32%	28%
攻击另一个人	24%	25%
非攻击性行为：		
平静活动	60%	60%
就此了事，不伤害无礼者	59%	59%

4. 对侵犯行为的学习

学习在侵犯行为产生方面有着非常重要的作用，受攻击与挫折使人感到愤怒，这些愤怒情绪只是影响侵犯行为产生的一项重要因素。在有些情况下，人们并不表现出攻击行为，这主要与学习有关。学习理论强调：侵犯行为可经由学习获得，强化和模仿对学习过程具有重要的意义。

班杜拉所做的观察学习的实验就很好地说明了学习对侵犯行为的影响。他认为，儿童侵犯行为的获得并不一定要以其亲身获得奖励或惩罚为前提，儿童可以通过观察他人从事此类行为之后受到奖励或惩罚而学会这类行为。在研究中，班杜拉把儿童带到一间屋子里完成一个艺术项目，在同一个屋子的另一头，一名成人正在悄悄地玩一些玩具，旁边有一个大木槌和一个假人。儿童被分为实验组和控制组，实验组的儿童看到成人叫喊着用大木槌击打假人，控制组的儿童看到的是成人只是悄悄地自己玩玩具。在孩子们看了约十分钟之后，把他们带到另一间放着各种各样孩子们喜欢的玩具的屋子，告诉他们说这些玩具是留给其他人玩的，以此激起他们的挫折感。之后把孩子们带到第三间屋子，屋子里有一些玩具，其中包括一个假人。结果正如人们所预料的：实验组的儿童比控制组的儿童表现出了更多的侵犯行为。

二、影响侵犯行为的因素

（一）温度与侵犯行为

早在十九世纪初，一些社会哲学家就发现天气变化与犯罪行为之间存在着一定的关系，此后对这个问题的研究更多。罗特姆（Rottom，1985）的一项档案研究发现，空气污染与暴力犯罪有关。巴龙（1978）研究发现犯罪与温度有关，他通过研究发生在夏天的城市暴乱与气温的关系，发现其呈现倒U形曲线，在81℉～85℉（27.2℃～29.4℃）时，暴乱的数量最多，当温度较低或很高时，暴乱发生的数量较少。但是由于他没有考虑不同温度的持续时间，使得这个结论受到卡尔·史密斯（Carl Smith）和安德森（Anderson）等人的批评，其中安德森用概率论对这一曲线加以修改，指出在特定的温度范围内，暴力事件的发生与温度呈现线性关系，即在38℃～41℃，随着气温的升高，人们的暴力倾向增强，但是超过这个温度之后，由于人们外出的机会下降，所以暴力行为产生的机会也较少。

（二）兴奋转移

由于侵犯行为总是伴随着情绪的激起，所以心理学家想知道由于其他刺激所引发的生理上的激起是否会转移到侵犯性冲动之上。齐尔曼（D. Zillmann，1972、1994）等人在研究爱情行为的时候发现，由其他刺激诱发的情绪性激起会转移到爱的对象之上，他称这一心理过程为兴奋转移。齐尔曼认为兴奋转移也可以解释侵犯行为的发生。在他的一项研究中，齐尔曼让实验者的助手或者激怒男性被试，或者用中性的态度对待男性被试，然后再让其中一半的被试从事大运动量的锻炼，而另一半被试不锻炼。稍加休息后，给被试提供了一个电击助手的机会，正如齐尔曼所预料的，愤怒且锻炼的被试比愤怒但没有锻炼的被试倾向于用更高的电压电击助手。

（三）侵犯性线索

伯科维茨（Berkowitz，1967、1979）发现，情境中与侵犯相关的一些线索，如刀、枪、棍等器械往往会成为侵犯行为产生的起因，他把这种现象称为武器效应。除了刀、枪等明显的侵犯性线索外，与死亡、邪恶等相联系的黑色也是引发侵犯的线索。比如，弗兰克（Frank，1988）等人发现，在职业棒球和橄榄球比赛中，穿黑色服装的一方受到的惩罚通常比浅色一方的多。实验研究也证明，穿黑色衣服的赛马选手也表现出更高的侵犯性。卡尔森（M. Carlson，1990）对 23 项研究所做的元分析发现，与侵犯有关的线索不仅可以引发侵犯，并且能够加强已经愤怒的人的侵犯性。

（四）去个体化行为与侵犯

去个体化是指群体中的个体有时候会失去对自己行为的责任感，使自身自我控制系统的作用减弱甚至丧失，从而做出平时不敢做的反社会行为。早在法国大革命的时候，这种现象就引起了学者的关注。法国社会学家勒朋（Le Bon，1896）在研究群体行为的时候发现，在群体中，个体的情绪会很快传给团体的其他成员，从而使得处在群体中的个人表现出一些独处时不敢表现的野蛮与毁灭性行为。勒朋把这种现象称作社会传染，他撰写了一本名为《乌合之众》的专著。心理学家津巴多（Zimbardo）和费斯汀格（Festinger）把这种现象称作去个体化。

（五）饮酒

长期以来，人们一直认为酒精能使人变得易于被激怒及好斗，许多相关研究支持这种假设。有实验研究证明，过量饮酒的人易于被激怒，从而表现出高侵犯倾向。那么，为什么喝酒能使人们变得好斗呢？一些研究者认为是酒精给侵犯行为提供了直接的生化刺激，使得喝酒的人的激起增加，我们俗话说的“酒壮人胆”就是这个意思。大多数研究人员则认为酒精降低了人们对侵犯行为的控制，霍尔（Hull，1986）和斯蒂勒（Steele，1988）等人称之为“去抑制”，强调这种抑制对暴力行为的影响。还有一种解释，认为酒精改变了人们处理信息的方式，喝醉酒了的人经常对最初和最突出的社会情境特征做出反应，会倾向于遗漏细节。例如，在清醒的情况下，如果一个人踩了你的脚，你可能发现这个人不是故意踩你的。但是如果你喝醉了，你可能会忽略这个细节，就好像他是故意那样做的。

在后一种情况下，你更有可能做出侵犯行为。

（六）社会赞许与模仿

众所周知，我们总是从他人身上获得一些提示。如果一个你所尊重的人或者组织表现出了攻击，将会对很多人的态度和行为产生非常大的影响。侵犯性的模仿作用会发生在所有人身上，对于孩子们而言更是如此。孩子们以暴力方式解决冲突，经常是因为在模仿成人或者和他们年龄相仿的人，特别是当他们看到这些人的侵犯行为得到奖励时。举例来说，在大多数运动中，越有侵犯性的球员，越会得到更高的声誉和更高的薪水；越有侵犯性的球队，获胜率越高。这些运动不需要温文尔雅的球员。正如著名的棒球经纪人利奥·迪罗（Leo Durocher）所说："好人最终会完蛋。"研究资料证明了他所说的话。在曲棍球球员当中，那些经常因为攻击过度而停赛的球员往往是得分最多的球员。运动员经常是儿童与成年人模仿的对象，他们被模仿的除了名誉与声望以外，还包括攻击过度。儿童模仿最多的当然是他们的父母，如果他们的父母在小的时候遭受虐待，那么这会导致以后一系列虐待。实际上，很大一部分进行虐待的父母在小的时候也受到过父母的虐待。

三、减少侵犯行为的方法

一个人在某种情境下是否表现侵犯行为取决于三个方面的因素：个体愤怒程度、个体表达愤怒的倾向以及个体是否为了他人才表现侵犯行为（工具性侵犯）。与此有关，减少侵犯行为的方法包括下面几种。

（一）利用惩罚

按照行为主义的观点，惩罚能够减少一个人的侵犯冲动。但是惩罚是一件很复杂的事情，尤其当涉及侵犯的时候。一方面，人们可能会认为对一项侵犯行为进行惩罚，能够减少它发生的频率；另一方面，既然惩罚本身往往采用侵犯的形式，那么惩罚者实际上是在对他们想要压制的人示范侵犯行为，这将引发被惩罚者模仿其行为。对孩子而言，这种观点尤为正确。就像人们所看到的那样，在惩罚环境中长大的孩子，也容易具有暴力倾向。比如斯特劳斯（Straus）等人（1980）系统地研究了家庭暴力的社会影响，发现惩罚能使受惩罚者更具侵犯性，不论是因模仿还是由于受惩罚者愤怒的增加。更为重要的是，在一个家庭中，这种侵犯性可由上一代传递给下一代。一项研究表明，已婚而且曾看到过父母相互攻击的男性，有35%的人在过去一年中打过自己的妻子；从未见过父母有暴力行为的人中，只有10%的人在过去一年中打过自己的妻子。女性的比例也基本类似（27%，9%）。因此，不论是男性还是女性，儿童期曾受过惩罚的人，长大成人后更可能以暴力行为对待家人，父母可将其暴力倾向传给下一代，这一现象被称为家庭暴力的社会遗传。

对侵犯行为的实验室研究发现，惩罚实际上只能起到一种威慑作用，但这种作用只有在以下两个理想条件下才会成立：一是惩罚是迅速的，它必须在侵犯发生之后马上发挥作用；二是惩罚是不可避免的。但在现实生活中，这些理想的条件从来不会出现。比如，在司法实践中，那些暴力犯罪的人立即被逮捕、控告、审判和判刑的概率并不高。考虑到司法部门谨慎的工作态度和累积的案件，想让司法部门迅速地做出反应几乎是不可能的。

心理学研究表明，惩罚只能抑制人们明显的侵犯行为，但同时可能导致更多隐蔽性侵犯行为，而后者的危害性更大。心理学家常常把有侵犯倾向的人分为两类：控制不足侵犯型和控制过分侵犯型。前者是指那些经常犯小错误的人，这类人大错不犯、小错不断；后者是指那些平常把自己隐藏得很好，这些人一旦犯罪，就是罪大恶极。利用惩罚减少侵犯行为对前者有用，对后者作用不大。

（二）降低挫折与学习抑制自己的侵犯行为

由于侵犯行为与挫折有着紧密的联系，所以通过降低挫折来减少侵犯行为也是一种较好的方式。在生活中，我们应该注意自己的言行，不要成为他人挫折的制造者。同时，我们还要学习对自己的侵犯行为加以抑制或控制，我们可以设身处地地从对方的立场出发，看看自己的行为到底会给他人造成什么样的危害，体验一下他人的痛苦，并通过自我意识反省自己，这样就能够有效地减少自己的侵犯行为。

我们已经知道，当别人遭受挫折的时候，如果知道对方并非有意，这样的挫折就不会转变为愤怒和侵犯。所以，减少侵犯的方法之一就是挫折制造者为其行为负责，向他人道歉，并且表示同样的事情不会再发生。

（三）替代性攻击与宣泄

人们在遭受挫折或烦扰时，可能会由于对方的权力太大等许多原因而不能加以报复，在这种情况下，个体可能以其他方式对另一目标表现出侵犯行为，这种现象被称为侵犯转移或替代性侵犯。替代性侵犯的基本原则是，目标对象与挫折来源越相似，个体对该目标对象的侵犯性冲动越强烈。

有时候人们也使用宣泄的方法来减少自己进一步的侵犯。弗洛伊德在治疗神经症的时候就发现，当病人向自己诉说了积压在内心深处的一些欲望之后，病人的病情会有所好转，他把这种现象称为宣泄。弗洛伊德相信，如果人们不能随时发泄自己的侵犯冲动，这些冲动就会不断累积起来。这些累积起来的能量会寻找一个出口，要么以极端暴力的形式爆发，要么以精神疾病的症状出现。后来，其他的心理学家把这个原则用在处理侵犯行为方面，他们认为人之所以表现出侵犯行为，是因为他们遭受挫折。只要提供场合或机会，让那些遭受挫折的人把自己的愤怒和挫折发泄出来，他们进一步侵犯的动机就会减弱。

（四）示范非侵犯行为

以往的研究表明，如果儿童曾经在相似情境下目睹过人们表现侵犯行为，他们会更加具有侵犯性。反过来，如果让孩子们观看非侵犯楷模——让他们接触到那些被激怒时能自制、理性和以令人佩服的方式表达自己感受的人，孩子们会怎样呢？这个问题已经被实验所验证。在实验中，儿童先观看一些在被激怒时表现出非侵犯行为的年轻人的行为，当这些儿童后来被安排在另一个他们自身被激怒的情境时，他们表现侵犯行为的频率，比起那些没有接触非侵犯行为楷模的儿童要低得多。

（五）培养沟通与解决问题的技巧

托克（Toch，1980）发现，在社会生活中，那些最喜欢用暴力来解决人际问题的人，往往是那些缺乏适当社交技巧的人，因此减少暴力的方法之一就是教人们如何以建设性的方式来表达愤怒与批评、如何在冲突时学会协调与妥协，以及如何对别人的需求更敏感地做出反应。乔尔·戴维兹（Joel Davitz，1952）让儿童四人一组一起玩耍，其中一组教育孩子以建设性的方式对待别人，并且因为这样的行为而奖赏孩子；另一组孩子则没有接受这样的教育，反而会因为侵犯或竞争行为而得到奖赏。随后，实验人员故意使孩子们受到挫折。研究人员告诉孩子们，将放映一部娱乐性影片让他们好好享受。紧接着研究人员就开始放映影片，并给孩子们发放棒棒糖。研究人员在影片放到最精彩的时候突然中止放映，并把孩子们的棒棒糖收回。最后，孩子们被允许自由玩耍，研究者开始观察孩子们的侵犯性或者建设性行为。结果发现：和其他组的孩子相比，那些接受了建设性行为训练的孩子表现出了更多建设性的活动和更少的侵犯行为。

四、传播媒体与暴力行为

随着新闻媒体在社会生活中的作用越来越大，心理学家也开始关注它的影响问题。从事宣传的人常常会夸大媒体的影响，大部分人也常常同意这些人的观点，因此自 20 世纪 70 年代以来，许多与媒体影响有关的实验研究被心理学家拿出来作为媒体影响的证据。下面我们就从几个方面来讨论媒体的影响。

（一）影视暴力对孩子暴力行为的影响

随着电影、电视在人们生活中的影响日益扩大，人们也开始注意到这些媒体中的暴力性与日常生活中人们表现暴力的关系。自 20 世纪 70 年代以来，随着彩色电影和彩色电视节目的普及，电影和电视内容中暴力屠杀的次数也越来越多，并且形象也越来越逼真。最初人们认为传播媒体暴力能刺激人们表现出更高的侵犯行为，如 20 世纪 60 年代后期，基伯纳（G. Geibner）等人参与了美国卫生署的一项研究，经过几年的研究，他们在研究报告中指出：观看电视暴力与侵犯行为之间存在着因果关系，而这种因果关系只存在于某些儿童身上，这份报告马上受到了来自各方的强烈批判，大多数批评者认为完成这项研究的委员会对影视暴力影响的评价过于保守。还有人指出，之所以如此，是因为研究者接受了来自媒体方面的资助，所以对研究的可靠性提出质疑。

为了得到更令人信服的结论，10 年后美国卫生署再次请科学界评估电视暴力的影响。经过一系列的研究，莱弗（Leifer，1972）等人向人们展示了一个许多人希望看到的结论：电视暴力确实能使观看节目的儿童产生更多的侵犯行为，电视暴力与侵犯行为之间的因果关系已是非常明显的事实。

这一结论得到了该领域许多研究者的支持。许多实验和准实验研究发现，刚刚看过暴力电视节目的儿童在解决社会冲突时表现出更高的暴力倾向。在一项非常著名的长期研究中，埃伦（Eron）和休斯曼（R. Huesmann）收集了被试在 8 岁、19 岁及 30 岁时的一系列资料，结果发现儿童期对暴力片的偏好与他们成人后的暴力行为有着非常紧密的关系，如图 3-1 所示。

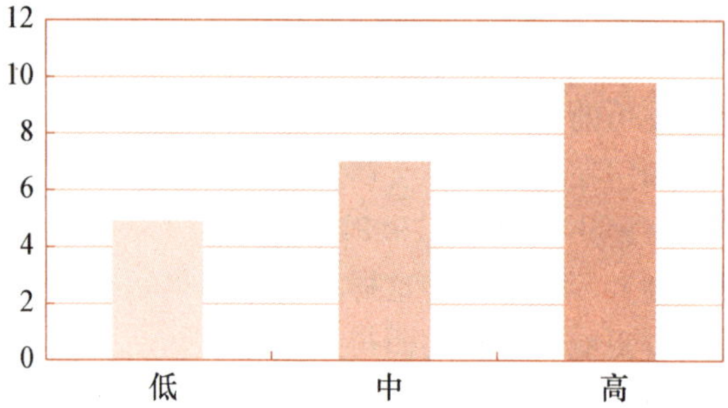

图 3-1　接触暴力片的数量与侵犯行为的关系

这项研究先是在美国和加拿大进行的，后来埃伦和休斯曼在澳大利亚、芬兰、以色列，博塔（Botha）在南非等国家的研究也支持了这个结论。尽管这些研究有各种局限，但结果却都表明影视暴力对孩子的行为没有什么好处，所以为了孩子的健康成长，我们还是应该在这方面有所限制。

但也有研究者对上述结论表示怀疑。早在 1961 年，费斯巴哈（S. Feshbach）的一项研究就得出了与此相反的结论。在研究中，费斯巴哈让愤怒及平静的被试观看暴力或非暴力影片，看完影片后测量每个被试的侵犯行为，结果表明，观看暴力影片使原先愤怒的被试的攻击性降低，而不是增加了他们的暴力行为。

到目前为止，关于影视暴力与侵犯行为关系的争论还有很多。到底是影视暴力导致侵犯行为，还是个体的侵犯倾向决定着他对影视暴力的偏好，一直是研究者所关心的问题。为了解决这个问题，斯特劳斯提出了以家庭暴力为中介的理论思路。他认为，影视暴力与侵犯行为之间不是谁决定谁的关系，它们同时受到家庭暴力的影响，是家庭暴力同时决定着一个人的暴力倾向和对暴力媒体的选择。

为什么媒体暴力会对人们的行为产生影响呢？心理学家弗兰佐（Franzoi，1996）认为这与以下几个方面的因素有关。

1. 去抑制

班杜拉（Bandura）认为，看到他人的暴力行为会降低我们在类似情境中对自己暴力行为的抑制。去抑制现象发生的部分原因是我们对暴力行为的情绪变得迟钝或不敏感，不关心他人的感受与痛苦。有研究发现，看过大量凶杀节目的大学生在看暴力影片时所产生的生理激起要比他们观看科幻片时的生理激起水平低。因此研究者认定媒体暴力使得人们习惯于这些暴力，并对此产生去抑制。

2. 形成侵犯剧本

休斯曼（Huesmann，1988）借鉴了认知心理学的概念，认为儿童在观看暴力片的时候，会发展出一套侵犯性的剧本，这个剧本表明了侵犯事件发生的顺序，它存储于记忆之中，指导着一个人的行为。比如我们在前面讲过的班杜拉的研究就反映了这样的剧本。

3. 认知启动

一些心理学家用武器效应把一些侵犯性的线索和侵犯行为的产生联系在一起，并指出这些线索最终引发暴力行为。因此，从某种意义上讲，这些刺激对侵犯行为具有诱发作用，我们把由这些刺激引发暴力行为的现象称作认知启动。

（二）传播媒体中的性暴力

人们非常关心色情题材对侵犯行为的影响，黄色书刊、色情暴力片是否会增加犯罪？传播媒体的色情内容对暴力行为的刺激到底有多大？人们一直想要弄清楚这些问题。20世纪60年代后期，美国成立了一个委员会，专门研究黄色书刊对人的反社会行为的影响。与大多数人的预期相反，该委员会的研究表明，这些东西与反社会行为的上升并无关系，青少年犯所接触的黄色书刊并不比同伴多。该委员会在分析性暴力罪犯时发现，这些人早期的家庭在性方面上很保守，而且被限制。

其他心理学家在研究这个问题时还指出，年轻人在性犯罪问题上的行为主要受同伴的影响，而不是受媒体的影响。但是这一结论受到了批评，尤其是受到了女权主义者的抨击。女权主义者宣称，某些黄色书刊贬低了女性的地位，从实际上鼓励了性暴力。也有人发现，在媒体暴力与侵犯行为的关系中，性别因素也起着重要的作用，如玛拉姆斯（Malamuth，1982）比较了观看暴力色情片、非暴力色情片、中性影片对青少年侵犯行为的影响，发现暴力色情片增加了男性而非女性对性暴力的态度，使男性被试产生更多的性幻想。

（三）电子游戏与暴力行为

随着电子游戏产业的发展，研究人员逐渐开始关注电子游戏的影响问题。许多研究发现电子游戏是一种良好的教学工具，健康的电子游戏能够使人们学会健康的行为。作为一种娱乐产品，电子游戏越来越受到大众的欢迎。但与此同时，由于电子游戏中暴力和血腥内容泛滥，也引起了人们的担忧。

从1972年推出第一个乒乓球电子游戏，到后来发展到掺杂了血腥暴力的游戏，只经历了30多年的时间。20世纪80年代中期的任天堂时代，游戏发展成为中等强度的暴力内容。20世纪90年代以来，游戏中的暴力内容越来越多，表现手段也越来越逼真。据统计，在21世纪初，电子游戏的年销售额达20亿美元，2～17岁的未成年人平均每周玩电子游戏的时间为7小时。在一项针对四年级学生的调查中，59％的女生和73％的男生说暴力游戏是他（她）们最喜欢的游戏。

暴力游戏对青少年的行为有着重要的影响。在美国的阿肯色州和科罗拉多州，青少年喜欢模仿暴力游戏中的人物，甚至扮演刺客，这一现象的出现引起了人们对暴力游戏的关注。尽管没有证据支持这种推测，但安德森等（2004）对36项相关研究进行分析之后发现，与非暴力电子游戏相比，玩暴力电子游戏更能对人们产生如下影响：一是引起生理唤起，如心跳加速和血压升高；二是引发侵犯性思维，如安德森（2002）在一项研究中发现，当大学生在玩一组暴力游戏后，请其对被追尾司机的行为进行预测时，他们更倾向于认为司机会做出侵犯性反应，如语言辱骂、打架等；三是唤醒侵犯性情绪，发泄不良情绪；四是诱发侵犯性行为，如玩过暴力游戏的儿童，在与同伴相处时更容易表现出侵犯性行为；五是减少亲社会行为，如人们在玩暴力游戏之后，助人行为的频率降低。

进一步研究也发现，玩暴力游戏的时间越长，这种效应越明显。所以心理学家呼吁，父母应该关注孩子周围的媒体，保证孩子接触健康的媒体。至少在家里，父母应为孩子创造良好的成长环境，鼓励孩子参与健康的游戏。父母也可以与邻居一起，共同为孩子建立良好的成长网络，学校也应该有针对性地对学生进行健康游戏指导。

知识点 3 人类的亲社会行为

学前思考

● 开学没几天，某幼儿园小班一个新转过来的小朋友由于分离焦虑，家长离开后一直哭闹不停，以致哭得呕吐了。一些小朋友看到了以后，就迅速地向老师报告了。

● 小马在过马路的时候发现一个老奶奶摔倒了，刚开始时，围观者中没有一个人愿意给予帮助，小马看到此情况后，扶起了老奶奶。

请回忆，你有没有见过或者听过类似的情况？这是什么样的行为？这些行为背后的影响因素有哪些呢？为什么这些小朋友和小马都愿意提供帮助呢？

学习重点

人类的亲社会行为是指任何自发性地帮助他人或者有意图地帮助他人的行为。人类的亲社会行为可以分为利他行为和助人行为，其中助人行为的涵盖范围要大于利他行为。利他行为是指在毫无回报期待的情况下，表现出自愿帮助他人的行为；助人行为是指一切有利于他人的行为，包括期待回报的行为。但是在日常生活中，我们对这两种行为的区分并不多，这不仅是因为这两种行为的意图难以把握，还因为二者都是有利于社会发展的行为，对其加以鼓励要比区分更重要，所以心理学家常常把利他行为与助人行为放在一起进行讨论。

一、对利他行为与助人行为的理论解释

（一）进化心理学

达尔文很早就认识到进化论存在一个问题——它无法解释利他行为。如果人们首要的目的是确保自己的生存，为什么人们还会在付出代价的情况下帮助其他人？按照这个思路，在人类进化的历程中，利他行为将会消失。因为那些以此方式行动、将其自身置于危险中的人，将会比自私的人产生更少的后代，所以自私行为的基因应该更可能遗传下去。要真是这样的话，谁会去帮助别人呢？

按照达尔文进化论的观点，生物进化过程中的自然选择，常常偏好那些能促进个体生存的基因。

爱德华·威尔逊（E. O. Wilson，1975）等人提出社会生物学，用进化论的原理来解释利他行为。他认为，对个体来讲，利他确实会使一个人处于危险之中。但对群体而言，利他却有利于整个群体。他举例说，一只雄性的鸟为了保护自己的六个后代而假装受伤，

引开攻击鸟巢的猛禽，最后献出了自己的生命。从个体的角度看，它的基因消失了，但它这样做却保存了它的六个后代的生命，每个后代有它 1/2 的基因。这样整个群体的基因库就从一变三。个体的牺牲使种群进一步扩大，从而使利他基因得以保存并在群体中形成优势。

巴斯（Buss，2005）进一步提出了“进化心理学”的思想，试图依据自然选择法则和遗传因素来解释人的社会行为。进化心理学从以下方面来解释人类的利他行为：

（1）亲缘保护。基因使我们愿意关心与我们有亲缘关系的人。提高基因存活可能性的自我牺牲就是为自己的亲戚做奉献。在伯恩斯坦（Burnstein，1994）的研究中，被试报告他们在类似房子失火这种生死关头，会更可能帮助血亲而非无血缘关系的人；而在非生死关头，人们帮助血亲的可能性并不比非血亲多。这说明人们更可能采取确保他们的基因生存的方式。无论是男人还是女人，美国人还是日本人，在生死关头都遵循着这一亲属选择法则。在这个研究中，人们报告的是他们认为他们将来做什么，这并不能直接证明在一场真实的火灾中他们就一定更倾向于救自己的同胞兄弟姐妹而非表（堂）兄弟姐妹。一些真实的例子和这些研究结果相一致。有研究显示，一场火灾的幸存者报告说，当他们开始察觉火灾时，在逃离建筑物之前，寻找家人的可能性比寻找朋友的可能性要大得多（Sime，1983）。

（2）群体选择。生物学家罗伯特·特里弗斯（Robert Trivers）认为，一个有机体帮助其他个体，是因为它期待得到回报性的帮助。付出者希望日后成为收获者，不做互惠行为则会受到惩罚。在基因竞争中，如果说个人的私利性必然会获益的话，为什么人们还会帮助陌生人呢？为什么还会帮助那些没有资源也没有能力回报自己的人呢？是什么使战士们用自己的血肉之躯抵挡子弹呢？达尔文认为，其中一个答案就是群体选择：当群体之间进行竞争时，相互支持的、利他的群体比不利他的群体会持续更长的时间。这方面最有力的证据来自群居的昆虫——蜜蜂和蚂蚁为了自己族群的生存会忘我地劳作。从某种程度上说，人类显示的内群体忠诚，通过牺牲自己来支持所谓的“我们”，有时是可以与这些昆虫相媲美的。

（二）社会进化论

尽管进化心理学这一类的观点很吸引人，但它也极容易招致批评，因为人们认为社会因素要比生物因素更为重要。坎贝尔（Campbell，1975）提出的社会进化论就反映了人们对这个问题的共识。该理论认为，在人类文化与文明的历史发展中，人类将选择性地进化本身的技能、信念。因为助人与利他行为是遍布于整个社会的行为，因此，它们也在进化中得到了提高，并已成为社会规范的一部分。社会进化论认为以下三种规范对亲社会行为很重要。

1. 社会责任规范

社会责任规范是指人们有责任和义务去帮助那些依赖我们并需要我们帮助的人。按照这种规范，家长有责任保证孩子的健康和安全，老师有责任帮助学生解决学习中遇到的问题。这个规范主要是针对助人者而言的。

2. 相互性规范

相互性规范也称互惠规范，指人们之间的助人行为应该是互惠的，别人帮助了我，那么我也应该帮助别人，即帮助那些帮助过我的人。心理学家认为，这种规范对维持人际关系的协调和稳定有着重要的意义。

3. 社会公平规范

社会公平规范是指帮助那些值得帮助的人。在日常生活中，我们有时候没有助人并不是我们没有责任感或者不遵循互惠规范，而是我们认为对方不值得帮助。

（三）学习理论的观点

赫伯特·西蒙（Herbert Simon，1990）从学习理论的角度解释了进化与利他之间的联系。他认为，对于个体来说，从社会其他成员那里学习社会规范，是具有高度适应性的。那些社会规范和习俗的最好掌握者具有生存优势，因为长期以来，人们学习了哪些食物有毒以及合作优势等。学了这些规则的人比那些没有学的人更可能生存下来。其结果是，通过自然选择，学习社会规范的能力已经成为我们基因组成的一部分。人们学习的规范之一就是帮助他人的意义——实际上这在所有社会中都被认为是一个有价值的规范。简而言之，人们在基因上设置了学习社会规范的程序，其中之一就是利他主义。同时，学习理论在看待人们的助人与利他行为时，认为儿童在成长过程中对有关助人行为的规范的掌握是学习的结果。在学习过程中，强化和模仿很重要，儿童会模仿父母或他人的助人行为，并把它融入自己的生活中，而在此过程中，父母的教养方式对孩子的助人行为也有较大的影响。

（四）社会交换理论

社会交换理论认为，我们所能做的许多事情源于我们对利益和成本的衡量，我们希望获得最大化的利益和付出最小化的代价。按照这一理论，人们在助人行为中也试图追求最大的收益和最小的付出。助人行为的收益可以有多种形式，得到赞扬、受到奖励，甚至对将来可能的回报的预期等，都可以看作助人收益。助人的成本包括时间、金钱和可能受到的责难等。

（五）移情与利他主义

丹尼尔·巴特森（C. Daniel Batson，1991）是“人们常常纯粹出于善心而助人”观点的极力拥护者。Batson 承认人们有时出于自私的理由帮助他人，但是他也认为人们的动机有时是纯粹的利他主义，他们唯一的目的就是帮助其他人，即使做这些事会使他们自己付出某些代价。纯粹的利他主义是可能发生的，当我们对需要帮助的人产生移情的时候，把我们置于他人的位置，并以那个人的方式体验事件和情绪。由此我们会试图出于纯粹的利他主义理由来帮助这个人，无论我们会得到什么。

二、影响助人行为的因素

（一）情境因素

对利他行为的研究发现，即使最具有利他行为倾向的人，在某些情境中也不会去帮助他人，所以情境因素对人们的利他行为有着重要的影响。影响助人行为的情境因素有很多，主要包括以下几个方面。

1. 文化差异

文化差异主要存在于西方文化和东方文化之间：一种是自我的独立观点，另一种是相互依赖群体取向的观点。拥有相互依赖观念的人更可能根据他们的社会关系来定义他们自己，更关注与他人的“联系性”，他们会更可能帮助需要帮助的人。

在所有文化中，人们都有可能帮助他们认为是内团体成员的人，都较少可能帮助他们认为是外团体成员的人。文化因素有时候会在人们划分内团体和外团体间界限的清晰程度中起作用。在许多互依文化中，内团体成员的需要被考虑得比外团体的更为重要，其结果是，这些文化中的人比个人主义文化中的人更多帮助内团体的成员。同样，因为在互依文化中“我们”和“他们”之间的界线更加明晰，这些文化中的人比个人主义文化中的人更少帮助外团体的成员。因此，在互依文化中，如果想要获得更多的帮助，成为群体中的一员是非常重要的。

2. 他人的存在

1964 年的一个晚上，纽约市的一名女青年在回家的路上遭到了歹徒的袭击，当时她的 38 位邻居听到了呼救声，但是在长达 30 分钟的时间内，竟无人实施救援，有人甚至一直目睹了惨剧的全过程，却连报警电话也没有打。事件发生以后，许多社会评论家把这种现象看成一种道德腐败。对此，心理学家拉坦纳（Latane）和达利（Darley）认为，恰恰是旁观者的存在成了助人行为缺乏的原因。当有其他人存在时，人们不大可能去帮助他人，其他人越多，帮助的可能性越小，同时给予帮助前的时间延迟越长。拉坦纳和达利称这种现象为旁观者效应，这种现象的产生原因与以下几个方面的因素有关：

（1）责任扩散。周围他人越多，每个人分担的责任就越少，这种责任分担可以降低个体的助人行为。在一项现场研究中，拉坦纳策划了一个抢劫事件情境。情节很简单，当小商店的售货员到店铺后面核对商品时，两个抢劫犯低声说：“绝不能错过这个大好机会！”然后就拿了一箱啤酒跑了。这种事件都是在小店里只有一位或两位顾客时发生。正如研究者所预料到的，单独目击犯罪行为的人与那些尚有其他人在场的人相比，显然更有可能向店员报告偷窃行为。

（2）情境的不明确性。从决策分析过程来看，人们有时无法确定某一情境是否真正处于紧急状态，这时其他旁观者的行为就会自然而然地影响到该个体对情境的定义，进而影响到他的行为。假如其他人漠视该情境，或表现得好像什么事情也没有发生，我们也可能认为没有任何紧急事件发生。拉坦纳和达利（1970）设计了一个实验情境，在实验中让男性大学生填写一份调查问卷，几分钟后有烟雾透过气孔进入房间，在四分钟内烟会越来越多，使被试看东西与呼吸变得困难。结果发现，当被试是单独一人时，他们会到周围去查看一下到底是怎么回事，而且 75％的人会向实验者报告这种情况；而当被试与两名实验助手一起填写问卷时（实验助手没有起来察看情况），只有 10％的人这样做。很显然，其他人的沉默使得被试认为这个情境是没有危险的。

（3）评价恐惧。如果人们知道别人正注视着自己，就会去做一些他人期待自己去做的事情，并以较受大家欢迎的方式表现自我。在某些情境中，比如烟雾充满屋子的例子中，被试会担心在他人都保持沉默时，如果自己表现出担心的话会使别人认为自己的胆子太小，也就是说，试图避免社会非难的心态抑制了人们的助人行为。

3. 环境条件因素

环境条件也会影响人们的助人意愿，天气条件、社区大小以及环境中的噪声等，都会对人们的助人行为产生影响。坎宁安（Cunningham，1979）用两项现场研究证明了天气在助人行为上的效果。在第一项研究中，研究者走向行人，让他们帮助填写调查问卷，结果发现在阳光明媚、气温适中的天气条件下，人们较愿意去帮助他人。另一项研究是在一个与天气关系密切的露天餐厅进行的，坎宁安发现，在天气好时人们付的小费也较多。

除了天气之外，人们所处的社区大小也影响人们的助人与利他行为。一般情况下，人们有一个刻板印象，即大城市里的人不友善，也不乐于助人；小城镇里的人则是既合作又乐于助人的。科特（Korte，1981）等许多研究者指出，在帮助处于困境中的陌生人时，城市大小确实有不同的影响。阿马托（Amato，1983）通过调查55个社区中人们的助人行为，发现在他所设计的五种情境下，小城镇的人帮助陌生人的比例显著地高于大城市的人。这些情境包括请求行人为慈善事业捐款、看到他人摔倒去扶起、看到他人掉东西告诉他人等。但这些结果只是针对陌生人而言的，对亲戚、朋友来说，大城市居民的助人行为未必比小城镇和农村的少。许多人用都市生活的匿名性、感觉神经负荷过重以及无生气的都市官僚制度所引发的无助感解释这种差别，斯坦利·米尔格拉姆（Stanley Milgram，1970）提出了一种城市过载假设，认为住在城市中的人经常被刺激所轰炸，使得他们独善其身以避免被信息淹没。根据这种观点，如果城市居民在一个平静、刺激较少的环境中，他们会像小城镇和农村的人一样伸手助人。相对于住在城市里的人在天性上更少利他的想法，研究已经更支持城市过载理论。但到目前为止，我们无法确定哪种解释更好。

不仅居住的地点会对帮助行为有影响，你从一处搬家到另一处的频率也会对帮助行为产生影响。在世界的大部分地区，这是一种常见的现象：人们搬家到离养育自己的家乡很远的地方居住。例如，在2000年，有18%的美国人在1995年后搬到别的地方居住；在城市的大部分地区，只有不到一半的人还居住在他们1995年就居住的房子里。鲍迈斯特（Baumeister，1986）的研究结果表明，长期居住在同一处所的人们更乐意参与帮助社区的亲社会行为。长期居住在同一个地方会导致人们对社区的依恋心理，邻里间的相互依赖程度更高，个体对自己在社区中的声望更为关心。由于这些原因，长期居民更倾向于参与亲社会行为。

噪声也影响人们的助人行为。在一般情况下，人们总是认为噪声降低了人们对环境中全部事件的反应程度。谢若德（Sherrod，1974）以此观念为基础进行研究，发现在噪声条件下，人们帮助困境中陌生人的可能性会大大降低。在一项实验中，马修（Mathew，1975）把许多书籍故意扔在地上，看进来的人有没有人帮着捡起来。结果发现，当屋子里的噪声处于正常水平时，72%的被试会帮着收拾散落的书籍；而当噪声很大时，这个比例只有37%。其他研究者也发现，巨大的噪声使人们忽略了环境中的其他事物，并驱使人们尽快逃离该情境。

4. 时间压力

时间压力也影响人们的助人行为。假如你正在校园里散步，这时候有人忽然拦住你，让你提供一些帮助，你会不会帮他呢？同样的事情如果发生在你急着去上课的时候，你又会如何对待呢？常识及一些研究均显示，在前一种情境下，我们更可能去帮助他人，人们经常是因为太忙而无法帮助他人。达利（1973）等人的实验为此提供了很好的证据。他们以神学院的学生为被试，要他们从一幢楼走到另一幢楼，以便和某个人讨论圣经中和善的撒玛利亚人的故事。研究中把被试分成两组，告诉其中一组被试慢慢地走，不用赶时间，而告诉另外一组说对方在等他们，所以必须尽快赶去。在走过去的途中，被试碰到一个衣衫褴褛的人，他不停地咳嗽并自言自语。研究者想知道，被试会不会停下来帮助他。结果匆匆而过的那一组被试只有10%的人提供了帮助，而悠闲的那一组有63%的人提供了帮助。

（二）助人者的特点

情境因素能增加或减少一个人表现出利他行为的可能性，但是有些研究也发现，一些人即使在不利的情境中也会帮助他人，而有些人即使在最有利的条件下也不去助人。可见助人者的特点在很大程度上决定着人们的助人倾向，从这个角度来看，与助人或利他行为有关的因素包括以下几个方面。

1. 助人者的人格因素

虽然我们无法给“乐于助人的人”画出一个人格剖面图，然而，确实存在着一些人格特质，它能使得一个人在一些情境下表现出较大的助人与利他倾向。萨托（Satow，1975）发现，对社会赞许需求高的人，更可能给慈善机构捐款，但这种助人行为只有在其他人能看到时才出现。这些人之所以助人，是因为他们想受到表扬。另外一种人格因素是个体的爱心与道德感。在一项研究中，伦敦（London，1970）访问了那些在二战中冒死救助犹太人的基督徒，发现这些人都有很强的个人道德感，并且与自己的父亲或母亲在这一点上极为相似，父母是他们行为的道德指引者，由此可见父母的影响在孩子助人行为上的深刻影响。

马克·斯奈德（Mark Snyder）、艾伦·奥莫托（Allen Omoto）和吉尔·克莱尔（Gil Clary）等人（1993，1995，1999）对人们做志愿者的动机进行分析，总结了几种从事志愿活动的动机。其中有一些动机源于回报，如加入一个群体、获得赞扬、寻求职业的提升、减少内疚感、学习技能或提高自尊等；另一些动机则源于人们的宗教信仰或人道主义的价值观，以及对他人的关心。

2. 助人者的心情

心情也会影响人们的助人行为。不少证据显示，当一个人心情很好时，他较乐于帮助他人。伊森（Isen，1978）发现，在图书馆得到一份免费的午餐、在电话厅里捡到一枚硬币、在实验室里工作表现好或听到好听的音乐，都能使一个人助人的可能性增加。如果没有这些令人心情愉快的事情发生，个体的助人倾向便要大打折扣。很显然，这些正性情绪增加了人们助人的意愿。

然而，正性情绪所产生的效果有时候要受到限制。首先，由好心情引发的助人效果一般很短暂，大约为20分钟，之后便不再起作用。其次，假如向他人提供帮助会损及一个人的愉快心情，则愉快情绪将降低一个人的助人行为，因为心情很好的人希望自己的良好情绪能得以保持。悲伤或沮丧的心情对助人行为的影响则要复杂得多：有些情况下不好的情绪使得人们只注意自己的需求，从而降低了助人的可能性，但在另外的情形下，帮助他人又能使一个人感到愉快，并因此减轻其不良的情绪。

3. 助人者的内疚感

与亲社会行为有特殊关系的另一种心理是人们的内疚感。内疚感是指当人们做了一件自己认为是错误的事时所唤起的一种不愉快情绪。为了减少这种情绪，人们常常会选择去帮助他人。在弗里德曼（Freedman，1967）等人的一项研究中，被试坐在一张桌子边上等待实验开始。在有些情境中，桌子极易被打翻，所造成的结果是桌子上的卡片散落了一地。实验者告诉被试这些卡片是某个人写论文急需的资料，当被试打翻桌子时，他会因打乱了这些卡片而产生内疚感。在另外一种情境里，桌子很稳固，卡片也没有被弄乱。结果与预期一样，诱发内疚感的情境使人们产生了更多的助人行为。对于内疚感的效果，一些研究者认为可能与人的两种动机有关：一方面，有内疚感的人希望通过做善事以弥补自己的过错；另一方面，他们希望能避免直接面对受害者，以免尴尬。

在内疚感与助人行为的关系中还有一个有趣的现象，这就是忏悔的效果。忏悔能使一个人的心里感到好受，使个体的内疚感降低。卡尔史密斯等人（1968）的研究支持了这种观点。在一项研究中，实验者要让被试相信，由于被试使用了不好的信息而破坏了实验的结果。之后一部分被试有机会向实验者忏悔自己的错误，而另一些被试则没有这样的机会。同时还有一个控制组，该组被试并不认为自己破坏了实验结果，随后测量被试愿意继续参加实验的时间。该实验的结果如表 3－2 所示，这说明：内疚感增加了人们的助人行为，忏悔降低了罪恶感，也减少了助人行为。

表 3－2　内疚感、忏悔与助人行为

情境	愿意继续参加实验的时间
内疚组	4.33
忏悔组	2.67
控制组	1.92

4. 个人困扰与同情性关怀

个人困扰是指当我们面对他人受难时所产生的个人反应，如恐惧、无助或任何类似的情绪。同情性关怀是指同情心及对他人关心等情绪，尤其是指替代性地或间接地分担他人的苦难。二者的区别在于前者将焦点集中于自己，而后者把焦点集中在受害者身上。个人困扰促使一个人设法去降低自己不舒服的感觉，人们既可以通过帮助他人达到这一目的，也可以通过逃避或忽略苦难事件而达到此目的。同情性关怀只能通过帮助处于困境中的他人而降低。许多研究证明了同情心能增加人们的亲社会行为。在一项研究中，主试告诉被试一个名叫卡罗的大学生在车祸中双腿骨折，这使得他的功课落下了很多，然后再让被试听一盒与卡罗谈话的录音带，问每个被试是否愿意帮助卡罗。实验者利用被试听录音时的指导语操纵同情心：在高同情心组里，被试被告知想象卡罗对受伤的感受以及这次意外对他的生活造成了什么样的影响；在低同情心组里，实验者让被试尽量采取客观的态度去听谈话的内容，不用关心感受。结果与预期的一样，高同情心组有 71％的人自愿去帮助卡罗，而低同情心组的人自愿去帮助卡罗的比例只有 33%。心理学家戴维斯（Davis，1994）针对人们的这两种特性还编制了一个测量工具，如下面的专栏所述。

专栏：个人困扰与同情性关怀的测量

仔细阅读下面的题目，并在每个题目前面的横线上写上符合你自己情况的分数。其中：0＝完全不像我，1＝有点不像我，2＝说不清楚，3＝有点像我，4＝非常像我。

同情性关怀量表：

____ 1. 看到别人有危险，我常常有一种要保护他们的愿望。

____ 2. 看到别人受到不公正的对待，我有时不觉得他们可怜。*

____ 3. 对那些比我不幸的人，我常常很关心他们。

____ 4. 我认为我是一个相当心软的人。

____ 5. 有时看到别人有麻烦，我并不感到抱歉。*

____ 6. 他人的不幸并不经常使我不安。*

____ 7. 我常常受到发生在我周围事情的影响。

个人困扰量表：

____ 1. 在紧急情况下，当我看到别人急需帮助时，我会提供帮助。

____ 2. 在一个非常情绪化的情境中，我常常感到很无助。

____ 3. 在紧急情况下，我感到恐惧和不舒服。

____ 4. 我常常能够相当迅速地处理危机事件。*

____ 5. 处于紧张情境中的时候，我很害怕。

____ 6. 看见别人受到伤害，我也能够镇定自如。*

____ 7. 紧急情况常常使我有一种不能控制自己的感觉。

做做看，你是一个关心他人的人吗？

同情性关怀：男＝19.04　　女＝21.67

个人困扰：男＝9.46　　女＝12.28

注：打“*”的题目反向计分，即被试评价为 0 分，实际计分时应为 4－0＝4 分。

5. 宗教信仰

汉森（Hansen，1995）和彭纳（Penner，2002）等人对大学生的研究表明，有宗教信仰的人比没有宗教信仰的人在从事志愿者工作时花的时间更多，诸如课外辅导、救济工作、维护社会治安等。1984 年的盖洛普调查表明，被称为有“精神信仰”的美国人当中，有 46%的人称自己正在为穷人、病人和老人们做一些事情，这个比例远高于那些没有“信仰”的人的比例（22%）。随后 1989 年的调查结果也显示，慈善志愿者和社会服务志愿者把宗教评估为“非常重要”的比率为 50%。另一项盖洛普调查还发现，那些较少去教堂的人中，只有 37%的人把“对穷人的责任”评估为至少是“相当重要”，而那些每周都去教堂的人中，则有 76%的人把“对穷人的责任”评估为至少是“相当重要”。1987 年的盖洛普调查报告显示，自述从不去教堂的美国人会捐出他们收入的 1.1%给慈善事业，而每周去教堂的人的捐款数额是这些人的 2.5 倍。随后的 1990 年和 1992 年的盖洛普调查、2001

年的独立调查都证明了信仰和慈善行为的相关性很高。

6. 性别影响

所有的文化对男性和女性的特质和行为都有不同的规范，男孩和女孩在成长中学习这些规范。在西方文化中，男性性别角色包括骑士风度和英雄主义；女性则被期望承担养育和关怀的责任以及珍惜亲近、长期的关系。数据显示，冒险救助陌生人而得到奖赏的 7 000 人中，91%是男人。相比之下，女人比男人更倾向于对她们的朋友提供社会支持以及从事帮助他人的志愿者工作。弗拉纳根（Flanagan，1988）的跨文化研究得到了相同的结果，在对 7 个国家青少年的调查中，女孩比男孩更多报告在其社区从事志愿者工作。

（三）求助者的特点

人们的助人行为也受求助者特点的影响。斯洛科沃（Slochower，1980）发现人们对慈善事业捐款的行为与接受捐款的人有关，如果募捐者是一个非残疾人的话，大学生不大会捐款。影响助人行为的求助者的特点包括以下几个方面。

1. 是否受他人喜爱

人们经常会帮助自己喜欢的人，而人们对他人的喜欢与否一开始便会受到像外貌与相似性等因素的影响。在许多情况下，长相漂亮的人更可能获得他人的帮助。在班森（Benson，1976）等人的一项现场研究中，研究者把一份填好的入学申请表放在机场的公用电话亭里，申请表上面已经贴好了邮票，只等着寄出。研究同时操纵了外貌特征这一变量：有时申请表上贴上很漂亮的照片，有时则贴上不漂亮的照片。结果证明，照片上的人无论是男是女，只要漂亮，人们更可能帮他或她寄出申请表。除了外貌的因素，求助者与助人者的相似性对助人行为的发生也很重要。Emswiller（1972）在一项研究中以嬉皮士为被试，研究他们的助人行为。研究中他把助手打扮成“嬉皮士”或“正直的人”，结果发现：77%的嬉皮士帮助了同类，而只有 32%的嬉皮士帮助“正直的人”。来自同一国家、具有某些相似的态度等，都能促进助人行为的产生。

2. 是否值得他人帮助

一个人是否会得到帮助也部分取决于他（她）是否值得帮助。比如在路上人们大多会去帮助一个因生病而晕倒的人，而不太会去帮助一个躺在地上的醉汉。维纳（Weiner，1980）通过对大学生的研究发现，如果大学生认为自己的同学借笔记是由于某些不可控的因素，如教师讲得不清楚，他们较为乐意把笔记借给同学；但如果是由于可控性的原因，如从不好好记笔记，则他不大乐意将笔记借给该同学。假如一个人能借自己的力量完成某项任务，人们便不会去帮助他。

3. 性别的影响

性别因素也影响助人行为的出现。伊格雷（Eagly，1986）等人发现在危险出现时，男性比女性表现出更高的助人倾向，但可惜的是，这种行为只针对女性求助者，尤其是漂亮的女性求助者，而不是男性求助者。与男性的这种偏好不同，女性助人者的助人行为则不受求助者性别的影响，并且在特定情境下女性也会有较高的助人倾向。比如休梅克（Shumaker，1991）就指出，他人所需要的帮助是同情等社会与情绪支持时，女性的助人倾向比男性更大。

三、增加助人行为

我们如何增加助人行为，诸如照看年老的邻居或志愿为地区学校的孩子们上课？这个问题的答案存在于我们对亲社会性原因的讨论之中。例如，我们了解了哪几个潜在助人者的人格因素是很重要的，则发扬这些因素可以增加人们乐于助人的可能性。但是受某些环境的约束，诸如处于城市环境或目击紧急事件时有许多旁观者在场，即使慈善、利他的人也不一定表现出助人行为。

（一）利他主义的社会化

1. 树立利他主义榜样

如果人们看见其他人的帮助行为或读到他人帮助的故事，是否更有可能做出帮助行为呢？在一项研究中，研究者让游客不要拿走黄石国家森林公园中的石化树木，一些游客被告知“以前的游客都把石化树木拿走了”，另一些游客则被告知“以前的游客从不拿走石化树木”。结果后者几乎没有人拿走石化树木。电视上的积极榜样所起的作用远大于反社会榜样所起的作用。赫德（Hearold，1986）统计并综合了 108 项观看亲社会性电视节目和观看中性电视节目或不看电视节目的比较研究。她发现，平均来说，如果观看亲社会性节目而不是观看中性节目的话，个体的亲社会行为会从 50%上升到 74%。

2. 通过做出具体的帮助行为来学习

斯陶布（Staub，2005）的研究显示，不道德行为能滋生不道德的态度，而帮助行为能促进进一步的帮助行为。儿童和成人都可在做中学。在对 12 岁左右的孩子的一系列研究中，斯陶布和他的学生发现，如果儿童先被引导制作一个玩具送给医院的其他孩子或者送给一位艺术老师的话，孩子们都变得很愿意帮助别人。孩子们随后在教更小的孩子玩拼图游戏的时候也更愿意帮助他们。

斯陶布指出，当孩子们以帮助行为行事的时候，他们发展了帮助他人的价值观、信念和技能。帮助行为也有助于满足孩子们形成积极自我概念的需要。在更大范围内，如果把“服务学习”和志愿者计划编入学校的课程，就可能提高学生日后的公民参与、社会责任感、合作以及领导能力。助人行为有利于树立“富有同情心和乐于助人的人”的自我知觉，而这种自我知觉促进了进一步的帮助行为。

3. 利他主义的内在动机

要警惕“过度辩护效应”。过度辩护效应指的是，当对一种行为给予超过适度的反馈时，个体可能会将行为归因于奖励这一外部反馈而非内部动机。因此，奖励人们本来就会做的事情反而会削弱其内在动机。我们可以将这一原理积极地表述为：对人们的良好行为给予恰到好处的反馈，我们也许可以增加他们自己从做这些事情中得到的快乐。

巴特森及其助手（1978，1979）验证了“过度辩护效应”。在几个实验中，他们发现，堪萨斯大学的学生在没有报酬也没有潜在社会压力的条件下，如果答应帮助别人的话，会产生最强的无私感。当有报酬或者社会压力存在时，他们实施帮助行为之后产生的无私感较弱。在另一项实验中，研究者引导学生将帮助行为归因于顺从（“我想我们的确别无选择”）或同情（“这个人真的需要帮助”）。随后，当请求学生们拿出时间参与当地的一个服务机构时，认为自己先前的帮助行为仅仅是顺从的学生中，有25%的人报名。这是为什么呢？当人们疑惑“我为什么帮助？”的时候，如果情境能让他们这样回答“因为有人需要帮助，而我又是个有爱心、乐于奉献和乐于帮助的人”，那结果是最好不过的。

（二）增加旁观者干预的可能性

有些社会心理学家认为，随着社会心理学的研究发现逐渐为人所知，人们的行为就会发生变化，从而使这些发现失去应有的效果（Gergen，1982）。了解了抑制利他主义的因素就会减少这些因素的影响。有证据显示，通过普及旁观者效应的知识，就可以有效抑制旁观者效应的发生。几年前，某大学一名学生挺身而出，防止了另一名学生的自杀。当时情况非常混乱，一开始，旁观者们不清楚发生了什么事情或他们应该做什么。带头干预的学生说，她想起了几天前在心理学导论课上听过关于旁观者干预的一次讲座，认识到如果她不采取行动，没人会行动（Savitsky，1998）。

这当然不是控制条件下的实验，我们不能确定这些乐于助人的人是否真的是被他们在心理学课程中学到的知识所驱策。幸运的是，这个问题已经通过实验得到了回答。在比曼（Beaman，1978）的研究中，随机指派两部分学生去听关于旁观者介入研究的讲座和一个无关主题的讲座。两周以后，所有学生参加一个他们以为完全不相关的社会研究，在此期间，他们遇到一名学生倒在地板上。他是否需要帮助？他有没有摔倒弄伤自己？或者他仅仅是一个因通宵熬夜而睡着的学生？在这样一个模糊状况下，被试会观察自己的同伴如何反应。当一名实验者的同伴（假扮成另一个被试）故意表现得毫不关心，一般情况下，被试也会自然假设没有异常状况。实验结果显示，如果被试没有听过关于旁观者介入研究的讲座，他们中只有25%的人停下来帮助那个学生。然而，如果被试听过关于旁观者介入研究的讲座，43%的人会停下来帮助那个学生。因此，人们如果知道如何在无意中被他人影响，可以通过其本身来克服这种社会影响。

（三）积极心理学与亲社会行为

近年来，一个名为“积极心理学”（positive psychology）的新领域出现。马丁·塞利格曼（Martin Seligman）认为，许多心理学（特别是临床心理学）关注的是精神障碍者，很大程度上忽略了如何阐述和培育心理健康。他指出，心理学应当不仅仅研究“疾病、缺点以及损伤”，还要研究“长处和优点”。通过塞利格曼等人的大量努力，许多心理学家开始关注这些主题，比如健康人类机能的本质、如何定义和分析人类的长处以及如何改善人们的生活。

积极心理学是对临床心理学强调精神疾病的有益的、必要的修正，并且引发了许多研究项目。尽管社会心理学还没有单独关注消极行为，但许多年来，关于这种主题已经有了丰富的社会心理学研究计划，比如在行为上如何增进内部兴趣、人们如何保持高度自尊以及人们如何对他人形成印象与维持关系。当然，社会心理学已经证明了许多消极行为可以产生社会影响，诸如服从权威和其他种类的从众。通过研究人类加工关于他们自身和他们所处社会环境的信息的基本途径，就有可能理解人类行为的阴暗面与光明面，诸如什么时候人们会帮助他人以及什么时候不会。

社会心理学研究人们在何种情况下帮助或不帮助他们的人类同伴。这是积极心理学的研究还是关于阴暗面的研究呢？两者都是。因为社会心理学家研究人们可能助人的条件（例如对他人产生移情），同时也研究人们可能不助人的条件（例如当人们经历责任分散时）。

正如前面所提到的，巴特森和他的同事们认为，人们有纯粹、无私的助人动机，当他们产生移情时就会去帮助别人。对移情和亲社会行为的研究，是社会心理学家已经对积极心理学产生兴趣的一个极佳例子，是对人们的长处和优点的研究。

单元小结

本单元主要是帮助同学们认识人类的社会行为，讲述了人类社会行为的基础，即遗传等因素在人类社会行为中的作用，系统地介绍了侵犯行为与亲社会行为的影响因素以及如何减少侵犯行为和如何增加亲社会行为。这些内容有利于同学们在实际生活中运用相关的技巧和方法。

第四单元

态度与偏见

学习导引

亲爱的同学们，你们好！前面我们已经学习了社会心理学的一部分内容，本单元将带你了解态度与偏见的内容。你了解什么是态度吗？你知道态度是怎样形成的吗？态度为什么会发生改变？本单元将介绍态度最基本的概念、态度的形成以及态度的改变等。学习本单元的课程后，你将会了解如何说服个体改变态度。

通过本单元的学习，你能掌握以下知识：了解人类态度的基本概念；了解如何测量态度；掌握态度形成以及改变的原因；掌握说服别人改变态度的一些知识；知道偏见的基本知识以及如何克服偏见的影响。

学习目标

学习完本单元内容后，你将能够：

- 阐释态度的定义和心理功能。
- 描述态度是怎样形成的。
- 列举态度改变背后的理论。
- 陈述说服模型的内容。
- 举例说明如何克服偏见。

思维导图

接下来，让我们一步步地深入理解本单元的学习内容。首先，我们来熟悉一下本单元内容的整体框架。

以下是本单元内容的整体框架以及学习这部分内容的思维过程规划。此图可以帮助你从整体上了解本单元内容的知识结构和学习路径，包括：人类态度的基本概念、测量态度的方法、态度形成以及改变的原因、说服别人改变态度的一些知识、偏见的基本知识以及如何克服偏见的影响。请你认真品读和理解，帮助自己建立对本单元知识的整体印象。

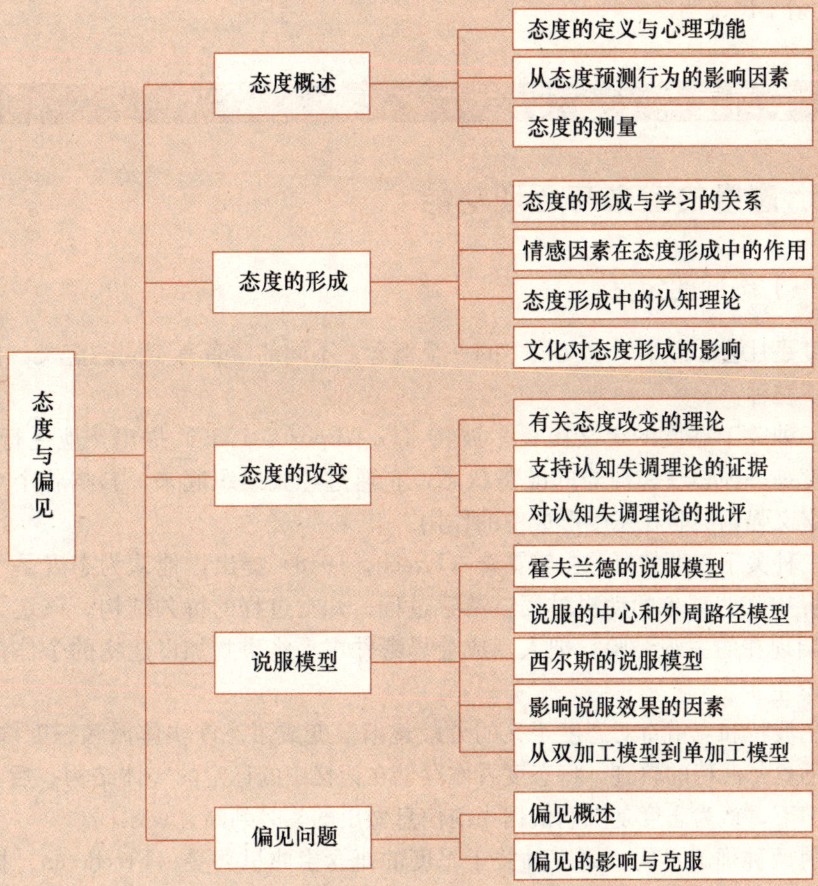

看完上面的思维导图后，你是否已经对本单元所要学习的内容以及如何学习这些内容有了一个初步的整体印象了呢？接下来，我们在这个整体框架的指引下逐一学习每个知识点的具体内容。我们需要重点学习态度的形成、态度改变的相关理论、说服模型的相关知识、偏见的概念以及如何克服偏见等。同时，在学习这些理论知识的基础上，我们要试着将这些理论知识与现实生活中的某些案例进行对接和思考，这样可以更好地内化所学的知识。

知识点 1 态度概述

学前思考

在学习什么是态度之前，我们先来思考以下问题：不同的人对同一事情有不同的态度，那你知道什么是态度吗？为什么会有这种态度呢？这种态度对于你做事情有什么影响呢？请举例说明。

学习重点

一、态度的定义与心理功能

（一）态度的定义

态度是社会心理学中定义最多的一个概念，不同的学者有不同的定义，代表性的概念包括以下三种：

第一种关于态度的定义由奥尔波特（G. Allport，1935）提出，他受行为主义影响，认为态度是一种心理和神经的准备状态，它通过经验组织起来，影响着个人对情境的反应。该定义强调经验在态度形成中的作用。

第二种关于态度的概念由克雷奇（Krech，1948）提出，他认为态度是个体对自己所生活世界中某些现象的动机过程、情感过程、知觉过程的持久结构。该定义忽略过去经验，强调现在的主观经验，把人当成会思考并主动将事物加以建构的个体，反映了认知派的理论主张。

奥尔波特和克雷奇对态度定义的分歧逐渐演变成了态度实体派和态度构建派的对立。前者遵循奥尔波特的轨迹，将态度看作存储在记忆中的稳定的实体结构；后者则归属在克雷奇的门下，认为态度是人们依据当前信息做出的临时判断。

与前两种理解不同，第三种关于态度的概念由弗里德曼（Freedman）提出。他认为态度是个体对某一特定事物、观念或他人稳固（由认知、情感和行为倾向三个成分组成）的心理倾向。他的定义强调了态度的组成及特性，是目前被大家公认的较好的解释。

弗里德曼的态度定义中包含三个成分：

一是认知成分，它是指人们对外界对象的心理印象，包含有关的事实、知识和信念，认知成分是态度其余部分的基础。

二是情感成分，它是指人们对态度对象肯定或否定的评价以及由此引发的情绪情感。情感成分是态度的核心与关键，情感既影响认知成分，也影响行为倾向成分。

三是行为倾向成分，它是指人们对态度对象所预备采取的反应，它具有准备性质。行为倾向成分会影响到人们将来对态度对象的反应，但它不等于外显行为。

态度的成分及其关系可用图 4－1 表示。

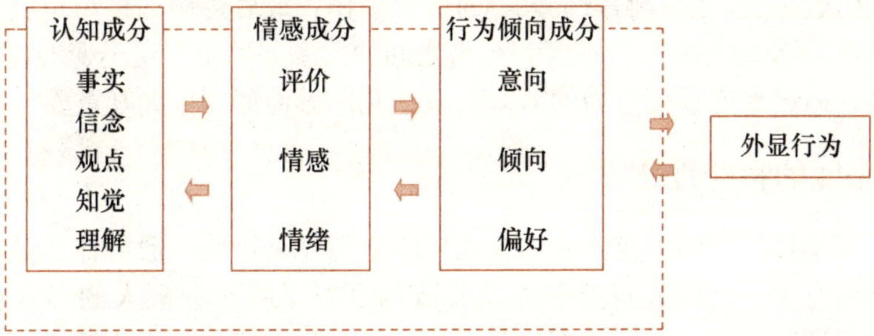

图 4－1　态度的成分及其关系

例如，某个人对一台多功能烤箱的态度就包括以下成分：首先，他对这台烤箱功能和价位的认知是什么？在认知基础上所形成的信念是什么？也许他认为这台多功能烤箱与其他烤箱相比，耗电更多而且操作程序烦琐。其次，他看到的这台烤箱的情感反应是什么？也许他感到好奇、兴奋。如果他是一位喜欢传统烹调技术的人，也许他会感到不屑。最后，他的行为反应是什么？他会真的到商店买一台吗？所有这些成分共同结合起来形成他对这台多功能烤箱的总体态度。

（二）态度的心理功能

态度在我们的生活中有着重要的意义，态度的心理功能有以下几种。

1. 效用功能

效用功能也称适应功能，这种功能使得人们寻求酬赏与他人的赞许，形成与他人要求一致并与奖励联系在一起的态度，而避免产生与惩罚相联系的态度。如孩子们对父母的态度就是适应功能的最好表现。

2. 知识功能

从认知心理学的观点出发，态度有助于我们组织有关的知识，使世界变得有意义。对有助于我们获得知识的态度对象，我们更可能给予积极的态度，这一点相当于认知图式的功能。

3. 自我保护功能

态度除了有助于人们获得奖励和知识外，也有助于人们应付情绪冲突和保护自尊，这种观念来自精神分析原则。比如某个人工作能力低，但他却经常抱怨同事和领导，实际上他的这种负性态度让他可以掩盖真正的原因，即他的能力值得怀疑。

4. 价值表达功能

态度还有助于人们表达自我概念中的核心价值，比如一个青年人对志愿者工作持有积极的态度，那是因为这些活动可以使他表达自己的社会责任感，而这种责任感恰恰是他自我概念的核心，表达这种态度能使他获得内在的满足。

二、从态度预测行为的影响因素

人们的态度与行为有着非常紧密的联系，我们经常从他人的态度来预测其行为。比如张三对李四持消极的态度，我们就很容易预测在选三好学生的时候，张三不会投李四的票。但是，态度与行为之间并非一对一的关系，态度只体现了一种行为倾向，它并不等于行为。为了说明这一点，学者们做了大量的研究工作，最后得出的结论也各不相同，二者的平均相关系数为 0.20～0.73。态度与行为之间的关系并不是固定不变的，它受到大量其他因素的影响。通过态度预测行为的时候，以下几个方面的因素尤其重要。

（一）态度的特殊性水平

在通过态度预测行为的时候，我们首先应该看态度是指向一般群体还是特殊个体。比如在拉皮尔的研究中，美国人对亚洲人的态度与其对某一个亚洲人的态度在特殊性上不同，因此用态度预测行为时，后者更准确一些。拉皮尔的研究想说明用态度预测行为到底有多大的准确性。20 世纪 30 年代初，绝大部分美国人对亚洲人持有深度的负性种族偏见。为了研究这种偏见的影响，拉皮尔教授邀请了一对来自亚洲的年轻夫妇驾车做环美国旅行，他们所经过的旅馆和饭店的老板会不会因他们对亚洲人的偏见而拒绝接待这对夫妻呢？结果在 3 个月的旅行中，他们经过的 66 家旅馆中只有 1 家拒绝让他们住宿，而 184 家饭店没有一家拒绝他们用餐。后来拉皮尔教授又给他们经过的旅馆与饭店写了一封信，问他们是否愿意接待亚洲人，结果在 128 封回复的信中，90%说他们不会接待。显然他们的态度与行为相矛盾。

（二）时间因素

时间因素也影响我们用态度预测行为的准确性。一般来说，态度测量与行为发生之间的时间间隔越长，不可知事件改变态度与行为之间关系的可能性越大。比如菲什本（Fishbein，1974）发现在总统选举中，一周前的民意调查结果要比一个月前的民意调查结果对于预测谁能当选更为准确。所以在通过态度预测一个人的行为时，必须知道他的态度是什么时候的态度。如果时间太久，我们在预测时就要非常小心谨慎。

（三）自我意识

内在自我的人较为关注自身的行为标准，因此用他们的态度预测行为有较高的效度；而公众自我意识高的人比较关注外在的行为标准，难以用他们的态度对其行为加以预测。

佛明（Froming，1982）等人做了一个实验，开始时，研究者测量了大学生对体罚的态度，然后从中挑选出那些对体罚持反对态度，并且认为其他人也会反对的人，这样就保证了这些人是内在自我较强的人（认为别人的看法和自己一致）。几个星期以后，让这些人电击他人，实验类似于米尔格拉姆（Milgram）的电击实验，以被试选择的平均电击强度作为因变量。

实验设置了三种情形：第一种条件下在被试面前放了一面镜子（内在自我情景，放镜子是为了提高他们的自我认同）；第二种条件下在被试的面前有少量的观众，这些人把被试评定为有效的“老师”（公众自我情景）；第三组为控制组，既没有镜子，也没有观众评价。结果内在自我组比控制组的电击强度低，而公众自我组比控制组施加了更高的电击。该实验所显示的自我意识与侵犯行为的关系如图 4-2 所示。

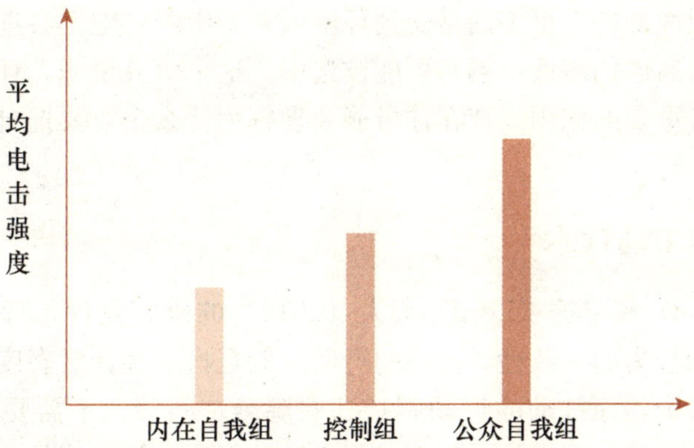

图 4-2　自我意识与侵犯行为的关系

（四）态度强度

与弱的态度相比，强烈的态度对行为的决定作用更大（Petty，1992）。但是怎样才能使态度变强呢？戴维森（Davidson，1982）发现，对态度对象要求更多的信息会使人们态度的强度增加。在一项研究中，卡尔格瑞恩（Kallgren，1986）先问了被试对一些环境问题的态度，然后让他们参加环境保护活动，结果发现对环境问题有丰富知识的被试的态度与行为的一致性较高。

增加态度强度的另一个途径是让个人参与到态度对象中来，让人们参与某些事情是增强其态度的有效手段，反过来，我们也用人们的参与来预测态度与行为的一致性。

（五）态度的可接近性

态度的可接近性是指态度被意识到的程度，越容易被意识到的态度，对我们来说它的可接近性就越大。一般来说，来自直接经验的态度对行为的影响大，就是因为这类态度的可接近性大。法继欧（Fazio）和威廉姆斯（Williams）等人（1984）测量人们对里根总统的态度的可接近性，其所用的指标是被试回答与里根有关的问题时按键的反应时长，反应越快，说明可接近性越大。三个月之后，当总统选举结束以后，再问这些被试选了谁，结果表明可接近性大的被试态度与选举行为之间的相关系数为 0.89，可接近性小的被试的相关系数为 0.66。

当可接近性很高时，一看到或想到某个事物时就对它有某种态度；当可接近性很低时，人对该事物的态度呈现要慢得多。因此，可接近性高的态度更有可能预测人的行为，因为当人们要求有所行动时，他们能更快地想到自己的态度。法继欧、鲍威尔（Powell）和威廉姆斯（1989）通过观察人们对物品的态度和行为证明了可接近程度所扮演的角色。在研究中，研究者首先请人们对几种产品进行态度评估，比如对不同品牌的口香糖做评价。态度的可接近性用人们回答态度问题的反应时长来衡量。随后研究者在桌上放了十种产品，告诉被试他们可以任选五种带回家作为参加这次研究的报酬。研究者想知道，人们会选择哪些产品呢？

正如研究者所预测的，态度的可接近性起了重要的作用：态度的可接近性高的人，其态度和行为总是高度一致的，而态度的可接近性低的人，其态度和行为的一致性就相对低。换言之，当人们做决定时，如果态度能很快地呈现在大脑中，人们的行为才会符合他们的态度。那么，对于态度的可接近性低的人而言，是什么决定了他们要选择某些产品呢？结果发现可接近性低的人更多的是受到环境因素的影响，他们会选择那些碰巧在桌子第一排的产品，产品离他们越近，越有可能被选中。这个研究说明，环境因素在态度可接近性较低的时候起着重要的作用。现在你可能会理解为什么企业要把自己的产品放在超市最显眼的位置了。

（六）行为的主动性水平

鲍尔森（Paulson）和洛德（Lord）等人（2012）的研究发现，行动是主动的还是被动的也会影响态度和行为的一致性。主动的行动一般是指那些针对态度对象需要付出努力而且明显、直接的行为，而被动的行动则指那些隐蔽、间接、不需要花费太多精力的行为。比如和理解他人相比，帮助他人显然是更主动的行为。鲍尔森等人认为，当人们的态度所指向的行为与被测量的行为在主动性上匹配时，态度和行为的一致性会升高。

在一项实验中，被试首先报告自己对同性恋人群的态度，接着写出根据这些态度他们有可能做出的行为。这些列出的行为的主动性水平会被评分，从而将被试分为主动型和被动型两类。几周后，实验者为被试列出了若干针对同性恋人群的主动和被动行为，主动行为有签署支持同性恋的请愿书或反对的请愿书，被动行为有一视同仁或者另眼相看。被试需要为自己做出这些行为的意愿程度评分。结果发现，支持同性恋的被动型被试更可能一视同仁地对待同性恋群体。

（七）心境的影响

霍兰德（Holland）和维里斯（Vires）（2012）等人研究了心境的调节作用。以往研究证明了在悲伤状态下，人们会采用更精细的加工方式，消耗较多认知资源。在高兴状态下，人们的加工过程更多是自动的、不需要主动控制的。在实验中，他们用内隐联想测验（implicit association test，IAT）测量被试的内隐态度。在关于献血态度的研究中发现，内隐态度在快乐心境下可以很好地预测行为，对献血持消极态度的被试最后表现出较小的献血倾向，而持积极态度的被试献血热情很高。但是在悲伤心境下，态度对行为的影响很小。基于信念的态度则在悲伤心境下可以更好地预测行为。

（八）情境的作用

前面主要介绍了态度本身、态度和行为测量方法匹配程度等因素对态度和行为两者关系的影响。勒温曾指出，行为是人和环境的函数，即

$$B=F(P,E)$$

其中：B 代表行为，P 代表个体，E 代表环境。环境在态度影响行为的过程中发挥着重要的作用。

华莱士（Wallace）和鲍尔森等人（2005）分析了近八百个有关态度和行为的研究，发现社会压力和知觉到的难度将会影响态度和行为的关系。当研究中涉及的行为有强烈的外部限制因素时，比如社会压力和知觉的难度，态度对行为的预测效果明显地降低。因为在这种情况下，环境提供了强有力的外部行为指引，比如默认的社会规范等，行为将向既有的行为模式倾斜，而较少受自身态度的影响。相反，当社会压力和知觉到的难度较小时，态度将会极

大地影响行为。实际上，社会压力来源于自身的行为规范，知觉难度对应着控制感。在计划行为理论中，我们将详细介绍态度、行为规范和知觉到的控制感这三者如何共同影响行为。

三、态度的测量

态度是一种稳定的内在心理倾向，它也是可以测量的，我们经常用以下两种方法测量它。

（一）直接测量

直接测量的方法包括自陈法、行为观察法和问卷法等。自陈法一般采用态度量表测量，行为观察法通过行为观察推断，问卷法则是把我们要调查的问题编成问卷。下面介绍几种常用的态度量表。

1. 利克特量表（Likert scales）

它是常用的态度量表，通常是 5 点或 7 点量表，让被试用 1～5 或者－3～＋3 进行选择。下面是一个测量妇女对生育问题态度的 5 点量表样例。

妇女对生育问题态度 5 点量表

请用 1～5 来表示你对下列陈述的同意或反对程度，其中：①＝很反对，⑤＝很赞成，②、③、④代表一定程度的反对或赞成。你的回答没有错或对，只要是你的真实想法即可。

（1）我养不起一个孩子。①②③④⑤

（2）我想在自己年轻的时候生孩子。①②③④⑤

（3）生孩子太痛苦。①②③④⑤

（4）有个孩子会限制我的自由。①②③④⑤

（5）有个孩子会使婚姻更美满。①②③④⑤

（6）有个孩子会使家庭生活更充实。①②③④⑤

（7）有个孩子增加了我的责任感。①②③④⑤

（8）有个孩子让我没有时间想我自己的事情。①②③④⑤

2. 瑟斯顿量表（Thurstone scales）

与利克特量表类似，唯一不同的是它是一个 11 点量表，被试在回答的时候用 1～11 来反映。从结构上来看，瑟斯顿量表与利克特量表的差异仅仅在于尺度大小上的不同，但是，它却可以很好地反映比较对象之间的细微区别。比如在对两种化妆品的广告效果进行比较时，由于这两种产品的知名度都很高，所以一般的小尺度量表就难以反映出这种差异，这时候 11 点的瑟斯顿量表就能够反映出差异。除非情况特殊，我们很少使用瑟斯顿量表，用比 11 点量表尺度更大的量表就更不行了。因为利克特等人用数学的方法证明了 5 点和 7 点量表具有等距性，即量表上数字的差异反映了实际心理上的差异，11 点量表也基本符合，其他的没有被证明，所以不宜随便使用。

3. 语义区分量表（semantic differential scales）

与前面两种态度量表不同，奥斯古德的语义区分量表采用双极形容词，如好—坏、强—弱等。现在研究者常常对语义区分量表稍加修改，把双极形容词拆开，并用这种方法建构人格问卷。比如杨国枢、王登峰等人就用这种方法发展出了中国人人格结构的“大七”（big seven）模型问卷。

用上述几种直接测量方法测量被试的态度时，被试容易出现社会赞许性的反应偏差，所以，在测量人们对一些比较微妙的问题的态度时，我们要注意问问题的方式，避免引起这种偏差。

（二）间接测量

除了直接测量人们对某些问题的态度外，我们还可以通过一些间接的方式了解他人的态度。如法继欧在态度可接近性实验中用的反应时就是一种间接测量。间接测量包括以下具体方法。

1. 投射技术

该技术是心理学研究中常用的一种技术，早在 20 世纪 30 年代，它就已经成为心理学家了解他人内心世界的重要手段。在投射技术中，最有代表性的当数主题统觉测验（thematic apperception test，TAT），这种方法通过让人们用看过的画编故事的形式测量人们的内在心理状态，对成就动机的研究就经常使用这种方法。

2. 生理指标测量

有时候我们还可以通过测量人们的一些生理指标来了解人们对他人或事物的态度。比如我们可以用皮肤电反应来看一个人的紧张程度，也可以用脑电 P300 波来看一个人有没有说谎。现在很多测谎设备就是利用这些生理指标来测定被测者是否说谎的。

3. 反应时测量

自陈法测量态度存在诸多问题。自陈法的前提是人们愿意并且能够报告自己的态度，实际上在很多情况下态度是无法内省的，甚至人们也不愿意公开自己的态度。正如在法继欧的研究中可以用反应时衡量人们对某个候选人的态度那样，人们可以用反应时指标测量人们的许多态度。比如 Greenwald 等人（1998，2000）在文化心理学研究中使用的内隐联想测验和评估启动范式（evaluative priming task）等，都是以反应时为指标，衡量人们在做与自我一致或不一致的判断时的心理差异。前文曾指出态度可以被视作一种联想评估过程。内隐联想测验的前提假设是在人们对那些代表态度目标的评价刺激和分类刺激做出反应时，人们本身的评估联想连接将会造成一定程度的干扰或者促进。因此，不同的反应时可以视作衡量人们内隐态度的指标。

主题统觉测验

请观看以下几幅图片，并根据自己的第一感觉作出选择。

计分方式：A—1 分　B—2 分　C—3 分

1. 图中的女人为何掩面？她的情绪是怎样的？

A. 悲伤，女人发现丈夫的婚外情

B. 忧虑，丈夫酒醉在床上

C. 关心，丈夫病重躺在床上，可能即将死去

2. 床上女子状态怎样？
A. 身患重病
B. 沉睡
C. 已经死去

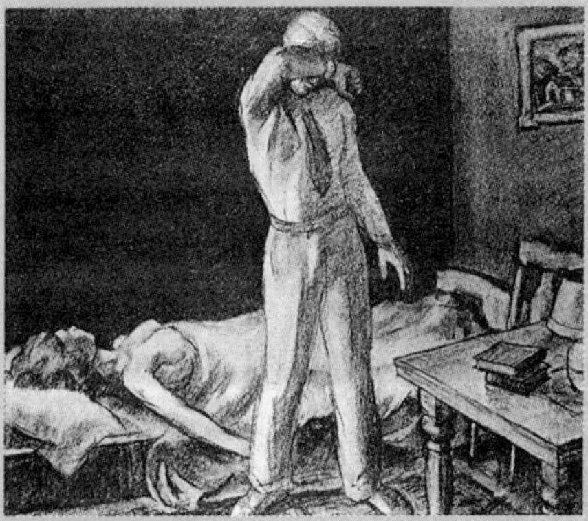

3. 图中戴领结的男子是女子的什么人？
A. 秘密情人
B. 老板或者顶头上司
C. 可以帮助她的有权有势的人

4. 图中老妇人的眼神流露出怎样的情绪？
A. 邪恶，她们之间可能隐藏着冲突
B. 同情
C. 焦虑、关心

5. 图中的女子正在打开房门，她打算做什么？
A. 男友的房间，她一直很想看看房间里的布局陈设
B. 下班，刚刚回家
C. 拿东西，然后回厨房做饭

6. 图中这个人物打扮成这样是为什么？
A. 打扮成别人认不出来的样子去袭击仇人
B. 抢劫商店
C. 参加万圣节假面舞会

7. 图中这个女子化妆是为什么？

A. 遮掩已经衰老的面容，并希望能够挽救婚姻危机

B. 以更加饱满的精神状态去见大客户

C. 去和男朋友约会

主题统觉测验结果与分析：

7～11 分：你非常善于隐藏自己，没人知道你心里到底在想什么。同时你防御心理较强，对事物怀着消极的态度，不愿意轻易相信别人，大多时候宁愿自己独处也不愿意和其他人在一起。也许你的魅力就在于神秘吧，很多人都想接近你，但你内心与外界的距离感始终存在。你只有摆正对生活的态度，才能过上正常的快乐生活。朋友的建议对你影响很大，你需要对这些建议进行过滤，有选择地采用，不要被这些建议搞得焦头烂额。

12～16分：能想到就能做到，恐怕是你的人生信条。你属于现实主义者，浪漫色彩非常淡薄，对金钱有一定的执着心。头脑清晰，有很强的独创能力。踏实、勤奋是你的一贯风格，但缺乏挑战新事物的勇气，对人情世故不太精通，再加上你平时比较少言，给人感觉比较冷漠，往往需要一段时间才能融入团体中。建议不要凡事只顾及眼前，要学会规划人生。过分谨慎也会错过很多机会。

17～21分：你性格开朗、乐观、平易近人，和朋友交往中能设身处地地为他人着想。你善于在公众面前提升自己的形象，因此深受大家的信任，在群体中是个受欢迎的中心人物。你做事很慎重，谦恭有礼，即使再棘手的事情也能处理得恰到好处。诚信是你重要的处世原则，你具有压抑自己为别人着想的品质。不过此类型的人难以做出特别大的成就。建议适当学会拒绝，这会让你更快乐。

知识点 2 态度的形成

学前思考

亲爱的同学们，你们是否曾经思考过这个问题：为什么强调个体和自我的广告在西方能够受到大家的好评，而我国的广告大多强调集体和家庭？请结合实际情况对此进行思考。

学习重点

我们对任何事物都有一个态度，对自己的祖国、对自己的朋友、对自己的父母、对所有与我们有关的人或事物。在这里有一个问题：我们的态度是从什么地方来的呢？有人认为态度与基因有关，比如泰瑟（Tesser，1993）等人发现同卵双生子在态度上比异卵双生子更为相似，即使同卵双生子在不同的家庭长大并且互不相识。不过这些解释与证据并不充分，没有人敢下结论说基因决定着我们的态度，人们相信一些特定的基因和态度有关，但这种关系只是间接的关联。人们更愿意相信，个体的社会经验在态度塑造过程中扮演了一个很重要的角色。社会心理学家认为，人们的认知经验、情感经验和行为经验是他们态度形成的关键。

一、态度形成与学习的关系

态度形成与学习之间的关系可以用学习理论来说明。学习理论是由霍夫兰德和他耶鲁大学的同事提出的，该理论假设人的态度和其他行为习惯一样，都是后天习得的。态度的学习有三种机制：一是联结，即把特定的态度与某些事物联系在一起；二是强化，指受到奖励也有助于我们形成对某些事物的态度；三是模仿，即通过模仿榜样人物的态度而形成，如孩子经常模仿父母的政治与种族态度。

与霍夫兰德的观点相似，凯尔曼（Kelman，1961）认为态度的形成和改变与三个不同的社会化过程有关：一是服从——它是人们由于担心受到惩罚或想要得到预期的回报而采取与他人要求相一致的行为；二是认同——因为从心理上认可榜样，所以使自己的态度与榜样人物的态度一致；三是内化——指个人把态度当作自己内在的行为准则，当态度与个人的价值体系一致时，个体容易形成这样的态度。

二、情感因素在态度形成中的作用

心理学研究表明，有时候人们对他人的态度形成与情感有着密切的关系。以情感为基础的态度，其来源是各种各样的。它们首先来自人们的价值观和价值取向，比如基本的宗教信仰和道德信念。心理学研究发现，人们对堕胎、死刑和婚前性行为等问题的态度，通常是根据他们的价值观而不是对事实作冷静的考察。这种态度的功能并不在于精确地描绘这个世界，而在于表达和确认一个人的基本价值体系。其他以情感为基础的态度，也可能是基于感觉反应，例如喜欢巧克力的味道（不管它热量有多高），或是基于审美反应，例如对一幅画或一辆车的线条和颜色的欣赏。

在与情感有关的态度形成方面，曝光效应是最有力的证据。曝光效应是指人们对其他人或事物的态度随着接触次数的增加而变得更积极的一种现象。心理学家扎荣茨（Zajonc，1968）最早提出了这个概念。在一项研究中，扎荣茨让参加实验的大学生被试学习外语，他向被试以 2 秒一个的速度呈现 10 个汉字，其中两个字只出现 1 次，两个字出现 2 次，两个字出现 5 次，两个字出现 10 次，两个字出现 25 次。看完 10 个汉字后，告诉被试这 10 个汉字是中文形容词，让被试在一个 7 点量表上判断这些词所代表的意思的好坏。结果发现，那些出现次数越多的词，人们对它的评价越高。后来扎荣茨用脸部照片和无意义音节都证明了这一点。

伯恩斯坦（Bornstein，1989）在一项元分析的研究中发现，约有 200 项以上的研究支持曝光效应。曝光效应的基本假设是情感反应先于信念，这一假设恰恰与认知论的观点相反。在持认知论观点的人看来，认知先于情感，即我们是先知道，然后才有情感。哪个理论更符合实际呢？实际上，正如伊格雷（Eagly，1993）所说的，许多心理学家发现，基于情感反应的态度只是一些简单的态度，我们绝大部分的态度都是认知与学习的结果。

三、态度形成中的认知理论

认知因素对态度形成具有重要的作用，这是许多心理学家承认的事实。在认知影响态度形成方面最有代表性的当数有计划行为理论（theory of planned behavior），该理论是阿杰恩（Ajzen，1991）从理性行为理论（theory of reasoned action）中发展出来的理论。按照这一理论的思路，人类有意识的行为取决于人们指向行为的态度、自身的主观规范以及人们所知觉到的控制感，其理论模型如图 4－3 所示。

在有计划的行为理论中，人们指向行为的态度由两方面的因素决定：一是人们对行为结果的信念；二是对这些信念的评价。菲什宾（Fishbein，1979）通过研究妇女对生孩子问题的看法，发现她们的态度确实基于信念和对这些信念的评价。主观规范是指一个人对

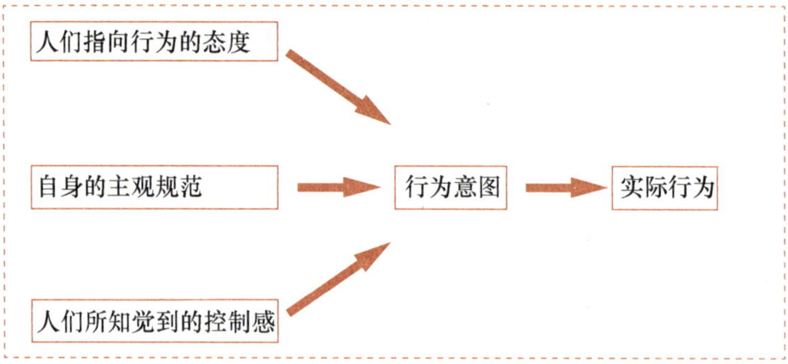

图 4-3　有计划行为理论的理论模型

来自他人的社会压力的知觉，即该不该做出这样的行为的考虑。它也由两个方面决定：一是感受到的其他重要的人的期望；二是遵从这些期望的动机。以生孩子的问题为例，她们在此问题上的主观规范取决于其他重要的人如丈夫的期望（我丈夫想等我们有房子后再要孩子）以及她对此期望的遵从动机（我想取悦我的丈夫）。知觉到的控制感是指人们对完成行为是困难或容易的知觉。阿杰恩（Ajzen，1991）指出，只有在人们对完成行为有控制感的时候，态度才有可能影响行为。比如张三想要戒掉多年的烟瘾（对戒烟持正性态度），同时他也知道家人和医生期望他戒烟，而他也想取悦他们（主观规范），然而在以后戒烟的过程中，考虑到改变习惯的难度之后，他可能对自己失去信心（知觉到对行为只有低的控制感）。这样不论态度与主观规范如何，张三也戒不了烟。

瑞斯（Rise）将自我认同引入有计划的行为理论。在一项元分析研究中，瑞斯发现自我认同是独立于态度、主观规范和知觉到的控制感的。在众多行为领域，自我认同都会影响态度/意图关系的强度。即使在考虑了有计划的行为理论中的各元素之后，自我认同仍然可以解释行为意图中的部分变异。

有计划的行为理论也受到一些批评，对它的批评主要来自两个方面：一些心理学家认为，人类的行为有时候是自发的、无意识的；另一些心理学家则提出了习惯的问题，认为习惯性的行为不受上述因素的影响。但不管怎么说，有计划的行为理论在理解态度形成以及预测行为方面依然是非常有效的，不仅是心理学，包括经济学在内的许多学科都把这个理论作为理解人类态度和行为的基础。

四、文化对态度形成的影响

不同文化下的人们是否可能对同一事物抱有不同的态度呢？我们知道，西方文化强调独立与个人主义，而东方文化则强调互赖与集体主义。那么，这些差异会影响人们所持的态度及态度改变吗？

在西方文化下，人们的态度可能更多基于对自己的关注，而在东方文化下，人们的态度则更多基于对自己在社会团体（如家庭）中的地位的关注。正是由于这个原因，强调自我与个性的广告更容易在西方文化中发挥作用，而强调个人所属社会团体的广告容易在东方文化中产生效果。为验证这个假设，韩和施威特（Han & Shavitt，1994）为相同的产品设计了不同的广告，或者强调独立（如有一则鞋子广告是这样说的：“穿对鞋子是很舒服的”），或者强调互赖（如“适合你家人的鞋子”），并让美国被试和韩国被试观看这些广告。结果发现，强调独立的广告更能够说服美国被试，而强调互赖的广告更易说服韩国被试。研究者还分析了实际出现在美国和韩国杂志上的广告，发现这些广告确实有所不同：美国的广告更倾向于强调个性、自我完善，以及产品对消费者个人带来的好处，而韩国广告更倾向于强调家庭、对他人的关注以及对个人所属的社会团体带来的好处。所以，我们的态度形成也体现着我们的文化传统。

知识点3 态度的改变

学前思考

在开始学习前，我们先看这样一则小故事：小李准备和朋友去看电影，但是两人在看什么类型的电影方面产生了分歧，小李喜欢看爱情片，朋友更喜欢看喜剧片。在现实生活中，你肯定也遇到过类似的事情，那么，此时你该怎么办呢？

本部分将学习有关态度改变的知识，相信学完之后，你就能非常容易地理解为什么人的态度会随着情境的变化而不断地发生变化。

学习重点

一、有关态度改变的理论

与态度改变有关的理论主要有两种：海德（Heider）提出的平衡理论（balance theory）和费斯汀格提出的认知失调理论（cognitive dissonance theory），这两种理论分别从不同的角度探讨了与态度改变有关的问题。

（一）海德的平衡理论

海德（1958）从人际关系的协调性出发，提出了态度改变的平衡理论。该理论认为，在一个简单的认知系统里，存在着使这一系统达到一致性的情绪压力，这种趋向平衡的压力促使不平衡状况向平衡过渡。海德用P－O－X模型说明这一理论，其中P代表一个人（如张三），O代表另一个人（如他的女友），X代表一件事物（如一部电影）。从人际关系的适应性来看，P、O、X之间的关系有8种组合，如图4－4所示。张三（P）和他的女友（O）对一部电影（X）的态度就符合这样一个系统。张三喜欢这部电影，他的女友也喜欢这部电影，而且张三喜欢自己的女友，如果这样的话就是一个平衡的系统，谁也没有必要改变态度；但是在其他条件不变的情况下，如果他的女友不喜欢这部电影，这时候的系统就不平衡了，就必须有人产生态度改变。而态度改变遵循最少付出原则，即为了恢复平衡状态，哪个方向的态度改变最少，就改变哪里的态度。

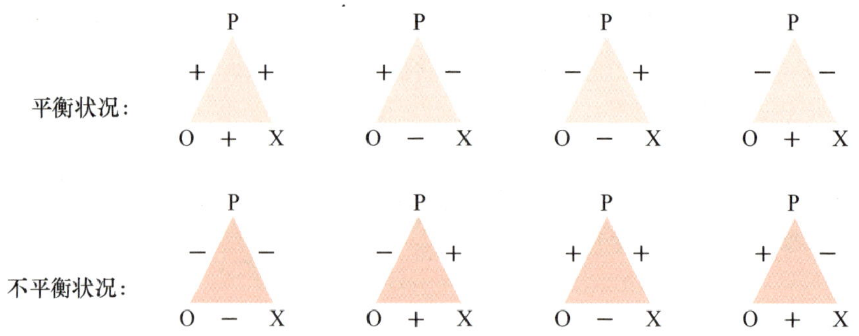

图 4－4　平衡理论的理论模型

按照海德的观点，与自己喜欢的人态度一致，或者与自己不喜欢的人态度不一致，我们的生活关系就是一个平衡的系统。对平衡理论所做的研究通常支持以下预测：人们确实能够从不平衡状态调整至平衡状态，并遵循着知觉上的最小付出方式。但是，假如是因为你喜欢某个人而产生不平衡，此时趋向平衡的压力大，而如果是因为你不喜欢某个人而产生不平衡，则其压力较小。纽科姆（Newcomb）把后一种现象称作非平衡（nonbalance），而不是不平衡（inbalance）。在他看来，人们并不在意和一个不喜欢的人意见是否一致。

（二）认知失调理论

认知失调理论是认知一致性理论的一种，最早由费斯汀格（1957）提出。在费斯汀格看来，认知失调是指由于做了一项与态度不一致的行为而引发的不舒服的感觉，比如你本来想帮助你的朋友，实际上却帮了倒忙。费斯汀格认为，在一般情况下，人们的态度与行为是一致的，如你和你喜欢的人一起郊游或不理睬与你有过节的另一个人。但有时候态度与行为也会出现不一致，如尽管你很不喜欢你的上司夸夸其谈，但因为怕他刁难而恭维他。当人们的态度与行为不一致，并且无法为自己的行为找出外部理由时，常常会引起个体的心理紧张。为了克服这种由认知失调引起的紧张，人们需要采取多种多样的方法，以减少自己的认知失调。

以戒烟为例，你很想戒掉你的烟瘾，但当你的好朋友给你香烟的时候你又抽了一支烟，这时候你戒烟的态度和你抽烟的行为产生了矛盾，引起了认知失调。我们可以采用以下几种方法来减少由于戒烟而引起的认知失调：

（1）改变态度。改变自己对戒烟的态度，使其与以前的行为一致：我喜欢吸烟，我不想真正戒掉我的烟瘾。

（2）增加认知。如果两个认知不一致，可以通过增加更多一致性的认知来减少失调：吸烟让我放松。

（3）改变认知的重要性。让一致性的认知变得重要，不一致性的认知变得不重要：当前状态放松比担心 30 年后患癌更重要。

（4）减少选择感。让自己相信自己之所以做出与态度相矛盾的行为是因为自己没有选择：生活中有如此多的压力，我只能靠吸烟来缓解，别无他法。

（5）改变行为。使自己的行为不再与态度有冲突：我将再次戒烟，即使别人给也不抽。

二、支持认知失调理论的证据

费斯汀格的认知失调理论在解释许多领域的态度问题上取得了极大的成功，其中以下几个方面的研究，从一定程度上为认知失调理论提供了实证支持。

（一）不充足理由与认知失调

假如让你完成一项非常无聊的工作，在完成之后给你极高的报酬，你对此项工作的态度会改变吗？为了弄清这个问题，费斯汀格和卡尔史密斯（1959）做了一个非常有名的实验。他们让被试做两项极为无聊的工作：第一项工作是解开或绕线；第二项工作是在木板上摆弄 48 根小木棍，每项进行 30 分钟。之后告诉被试这项研究的真正目的是想验证完成该工作的绩效如何受他人预先对此工作评价的影响。实验者还给被试说由于人手不够，希望被试能够提供帮助，具体任务就是告诉下一个进来的人说这项工作很有意思（撒谎）。被试被分成三种情况：一是没有任何报酬；二是给 1 美元的报酬；三是给 20 美元的报酬。实验结束后主试询问了被试对这些任务的喜欢程度，结果如图 4－5 所示。

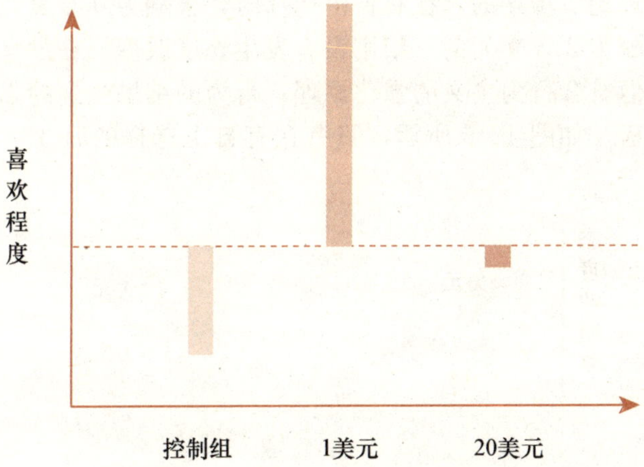

图 4－5 报酬对态度改变的效果

从事无聊的工作时，费斯汀格和卡尔史密斯预测不充足理由组（给 1 美元而撒谎）将经历最大的认知失调，并产生最大的态度改变；而充足理由组（给 20 美元而撒谎）没有产生认知失调，所以态度发生最小的改变。预测得到了支持。

在这项研究中，费斯汀格和卡尔史密斯认为撒谎的被试可以通过两种方法减少认知失调：一是增加第三个认知以使态度与行为之间的不一致性减少；二是改变他们对工作的态度。给 1 美元的被试之所以态度改变大，是因为他们感受到的认知失调高，而给 20 美元的被试用高的报酬来解释自己的撒谎行为，高的报酬成了解释违背态度行为的充足理由，相当于增加了一个新的认知用来解释态度与行为之间的不一致性，因此不太需要改变态度。1 美元太少，不能成为违背态度行为的正当理由，是不充足理由。

与小的奖励可以引发人们对不喜欢工作的兴趣类似，较轻的惩罚也会成为人们不做某项自己喜欢的事情的不当理由。阿伦森（Aronson）和卡尔史密斯（1963）在研究儿童游戏行为的实验中证明了这一点。在研究中，实验者给了儿童一堆玩具，其中有一个玩具不许他们玩，如果孩子玩了就会受到或轻或重的惩罚。结果发现：玩了这些玩具并受到较重惩罚的孩子并不改变对玩具的喜欢程度，并且如果有机会的话他们还会再玩这些玩具；而玩了这些玩具受到较轻惩罚的儿童却改变了自己对玩具的态度，在有机会的情况下他们也不再去违背大人的意愿去玩这些玩具了。可见，在第一种情境中，较重的惩罚成了儿童解释自己行为的依据，而在较轻惩罚的情况下，找不到这样的理由，只好改变态度。

（二）自由选择与认知失调

另外一个与认知失调有关的因素是人们做了与态度不一致的行为时的自由选择性。有选择时认知失调高，态度改变也大；无选择时人们体验到的认知失调少，态度也不会有大的改变。林德（Linder，1967）及其同事就证明了这一点。在研究中，他们让大学生写一篇文章，支持禁止有反社会倾向的人在校园发表言论。实际上正在州议会讨论的这项法案遭到了大部分人的反对。实验采用2×2（报酬×选择）的因子式设计：报酬有0.5美元和2.5美元；选择分为有选择和无选择。在有选择的情况下，向被试强调他们有拒绝写文章的自由；在无选择的情况下，没有提到被试有拒绝的权利，只是让他们写这样的文章。结果正如认知失调理论所预期的，在有自由选择时，报酬为0.5美元的被试发生了最大的态度改变，而报酬为2.5美元的一组则没有发生态度改变。在没有选择情况下，认知失调理论不适用，但符合行为主义的强化原理：行为的结果受到的强化越大，人们对行为的态度也就越积极。如图4－6所示，只有在有自由选择的时候，人们才能体验到认知失调。

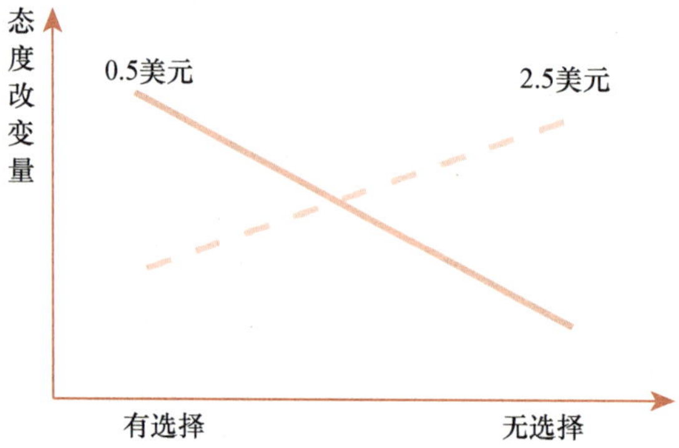

图4－6　自由选择下产生的认知失调

注：此图根据林德（Linder）、库珀（Cooper）和琼斯（Jones）1967年的实验结果制作而成。

（三）努力与认知失调

努力与认知失调的关系用阿克苏姆（Axsom，1989）的话来说就是：你为某件事情的付出越多，你将会越喜欢它。实际上早在1959年，心理学家阿伦森等人就用实验证明了这一点。在研究中，他们让自愿参加实验的女大学生讨论有关性的话题（这个问题在20世纪50年代是人们忌讳的一个话题），同时把被试分为高嘲笑组（被试在公共场合大声念一些淫秽的词）、中等嘲笑组（被试在他人面前读一些与性关联的词）以及控制组。在实验开始之前，研究者告诉被试，为了保证他们讲的是自己的心里话，他们需要参加一个“尴尬测验”，实际上这样做是为了上面的分组。参加完测验之后，他们让被试戴上耳机，加入一个团体，一起谈论有关性的问题。讨论完之后，研究者让被试用0～100分评价自己对讨论和小组其他成员的喜欢程度。结果发现：高嘲笑组（97）的被试对小组讨论的评价要远远高于低嘲笑组（82）和控制组。阿伦森指出，努力做一件不好的事情，必然带来较高的认知失调，而为了减少认知失调，人们只能改变自己对这些事情的态度，从不喜欢变得喜欢。

（四）决策后失调

人们在做出任何一个决策之后均会产生失调，这种失调称作决策后失调，它可以通过改变对最终选择的评估来减少。布雷姆（Brehm，1965）用实验证明了这种现象。在实验中，他先让女性被试看八种物品，如闹钟、收音机、电热水瓶等，然后请她们写出对每件物品的喜欢程度。接着再从其中拿两样物品让被试看，并对被试说她可以拿走其中任何一件她想要的，最后再请她们对每件物品重新评估一次。结果发现，在第二次评估时，被试强烈地倾向于增加对她所选择的物品的评估，而降低对放弃物品的评估。决策后失调的减少如表4－1所示。

表4－1　决策后失调的减少

情境	所选物品	放弃物品	失调减少总数
高失调	＋0.32	－0.53	＋0.85
低失调	＋0.25	－0.12	＋0.37
无失调	0.00	无	0.00

注：表中高失调是指对两件物品最初评估很接近。

物品最初评定差别很大，无失调是指没有选择权。

总之，当人们无法为自己的行为找到外部的正当理由时，就会尝试寻找内在的理由，以使自己的态度和行为更为一致。认知失调理论对此作了很好的解释。在很多情况下，当人们对自己的行为无法找到明显的外在正当理由时，往往是“说什么就信什么”，这种现象被称为“反态度倡导”，即一种诱导人们公开表达一个违背自己意愿的观点或态度的过程。比如你想改变你的朋友对抽烟的态度，那么你可以请他做一次反对吸烟的演讲。但是这种通过改变行为而改变态度的方法，运用在大众传播上就有困难了。因此，为了改变尽可能多的人的态度，还需要借助于其他态度改变的技巧，例如采用说服的办法。

（五）来自认知神经科学的证据

认知神经科学的兴起也为认知失调理论提供了新的证据。在韦恩（Veen）等人的研究中，被试需要争论环境糟糕的实验室是否是一个不错的地方。通过功能性核磁共振成像，研究者们发现大脑背侧前扣带回和前脑岛在认知失调的过程中被激活，而且这些脑区的激活可以预测被试的态度改变，而控制组没有表现出这些变化。这项研究揭示了认知失调的神经机制。

三、对认知失调理论的批评

认知失调理论也有它的局限，自我知觉理论和自我确认理论就提出了对它的意见。贝姆（Bem）提出的自我知觉理论认为，当人们的态度与行为不一致时，人们首先会从外部去找行为产生的原因，在没有这样的因素时，才把它归于态度之上。这一过程并不一定有认知失调的产生，而是由理性决定的。有人对这两种理论做了比较之后指出：在认知失调理论中，态度是直接观察到的，失调团体中的态度往往被歪曲，并且会产生令人不愉快的感受促使态度改变；在自我知觉理论中，态度是通过行为来推断的，失调团体中的态度是通过理性分析来处理的，并且没有不愉快的感受使人们去改变态度。

那么到底是认知失调理论更合理，还是自我知觉理论更符合实际呢？法继欧在分析了有关这方面的研究之后认为，这两种理论可能都对，只是它们解释的情境不一样。认知失调理论在解释与自我密切关联的态度时是成功的，而自我知觉理论最有可能发生在态度与行为的不一致性较低的时候。阿伦森也指出，当一个人自由选择的行为与自我概念中的核心内容发生不一致的时候，用认知失调理论去预测更为准确，而当问题与自我关系不大，或者态度与行为之间的差距较小时，自我知觉理论更好一些。

斯蒂尔（Steele）的自我确认理论则从自我同一性的角度出发，认为人们有时候无须在想法等方面保持一致，而是存在一种动机，使其保持自我的一致性。当一个人做了与态度不一致的行为时，他会重新检查自己的自我概念，在保持自我一致性的条件下才改变态度或行为。所以，斯蒂尔认为自我同一性比认知失调在预测态度改变上更为有效。

随着具身认知的兴起，人们发现甚至身体的运动也会影响态度的改变。具身认知是近些年来社会心理学和认知心理学领域涌现出来的最新研究取向，这种研究取向认为人们的运动系统也会影响人们的认知过程，就像认知会影响身体动作一样。有大量研究证明，借助一些和身体有关的隐喻，态度开始和身体感觉、躯体反应和运动等联系了起来。

有研究者发现，“温暖”的感觉经验会引起人们人际交往态度的微妙改变。在一项实验中，被试握着一杯热的咖啡或者凉的咖啡，几分钟后，他们需要评价某个素不相识的目标人物。结果发现，握着热咖啡的被试对目标人物的特质做出更多的积极评价。学者们认为这些身体经验激活了人们脑中相关的抽象的隐喻概念，比如热的感觉激活了“温暖的人”这样的概念，从而人们可以在意识中提取这些概念做出评判。

从具身认知的角度出发，曝光效应的起因在于重复出现的刺激引起了与模拟刺激相关联的运动反应。比如反复地嚼口香糖会影响单词的曝光效应，但是中文表意字不受影响。

具身认知和态度的关系的研究还处于初始阶段，有很多问题还亟待深究。比如：人们在意识到身体的作用后，身体和态度的关系会如何发展？在何种情况下具身认知的效应会反转？毫无疑问，具身认知给态度的研究注入了新的元素，在考虑态度变化的时候，我们也需要考虑人的身体状态这一因素。

知识点 4　说服模型

学前思考

你有没有出现过下列类似的行为：当你准备买一件东西的时候，在他人的劝说下买了另外一件？请结合实际情况和自己的家人、朋友分享一下这样的经历，并且找出你改变态度的原因。

学习重点

一、霍夫兰德的说服模型

从 20 世纪 50 年代开始，心理学家就不断地探索说服的问题。卡尔·霍夫兰德（Carl Hovland）及其同事做过许多有关有效说服的研究。他们早期的研究主要集中在态度改变的过程上，从信息传递和接受的角度看待态度改变问题。图 4－7 是霍夫兰德模型的最初形式，该模型主要说明了说服在什么时候产生和怎样产生。按照他们的观点，只有当他人注意到说服信息，理解信息内容，并且接受了这些信息的时候，才能改变态度，而注意信息、理解信息以及接受信息三个阶段中的任何一个阶段出问题，说服都不能引发态度改变。

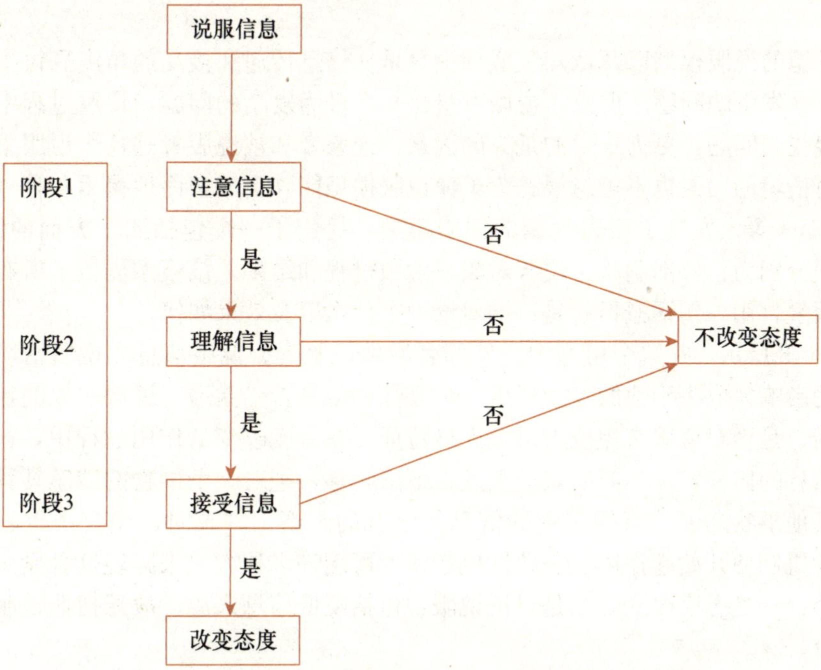

图 4－7　霍夫兰德的说服模型

二、说服的中心和外周路径模型

霍夫兰德的说服模型说明了说服在什么时候产生和怎样产生，但人们为什么要接受说服而改变态度呢？俄亥俄大学的佩蒂（Petty）和卡乔波（Cacioppo）提出的认知反应理论（cognitive response theory）说明了这个问题。该理论认为，在对说服信息做出反应时，人们的想法也起着一定的作用：如果信息很容易，但同时包含着无法令人信服的论据，那么你会轻易地反驳它而不会被它说服；如果一个信息提供了令人信服的论据，那么你会更加同意它并且很可能被它说服。佩蒂和卡乔波、伊格雷和蔡肯（Chaiken）等人在此基础上进一步认为说服可能通过两种途径产生：当人们有动机、有能力对一个问题进行深入思考的时候，他们更多地使用说服的“中心途径”，也就是关注论据。如果论据有力且令人信服，那么他们就很可能被说服；如果信息包含无力的论据，思维缜密的人会很快驳倒它。

但有时论据充分与否并不重要，因为人们没有足够的动机和能力去仔细地思考。如果人们不花太多的时间去推敲信息的内容，这时人们所采用的是“外周路径”（peripheral route）的说服——关注那些使人不经过很多考虑就接受的外部线索，而不考虑论据本身是否令人信服。当人们的注意力发生了转移或者没有足够的动机去思考的时候，熟悉易懂的表达比标新立异的表达更具有说服力。比如说，对一个不愿思考的人说“不要把你所有的鸡蛋放在一个篮子里”要比“不要在一次冒险中压上你所有的赌注”更有影响力。

三、西尔斯的说服模型

霍夫兰德的说服模型以及认知反应理论只是从信息传递和接受的角度探讨了说服何时发生和为什么发生的问题。但是，说服本身是一个极为复杂的问题，说服过程中不仅有信息传递和接受的问题，更为重要的是人的因素，说服者和被说服者是这个说服中的核心因素。另外，情境的因素也不可忽视。为了使说服模型能够更加全面地揭示各种过程以及影响因素，Sears 等人发展了霍夫兰德的说服模型，提出了一个包括四个方面的说服模型，这四个方面分别为：外部刺激、说服对象、说服过程和结果。该模型涵盖了所有与说服效果有关的因素，用一句话概括就是：谁对谁说了什么以及效果如何。

如图 4－8 所示，在这个模型中，外部刺激由说服者、说服信息和说服情境组成，其中说服者的影响力取决于他的专业程度、可靠性和他是否受欢迎。说服对象的特点包括其投入或承诺、是否对说服有免疫力以及人格特征。在态度改变的作用过程中，被说服者首先要学习信息的内容，在学习的基础上发生情感转移，把对一个事物的情感转移到与该事物有关的其他事物之上。当接收到的信息与原有的态度不一致时，便会产生心理上的紧张，一致性机制便开始起作用。一致性机制认为可用许多种方式来减轻这种紧张。说服的结果有两个：一是态度改变；二是对抗说服，包括贬低信息来源、故意扭曲说服信息和拒绝掩盖信息。

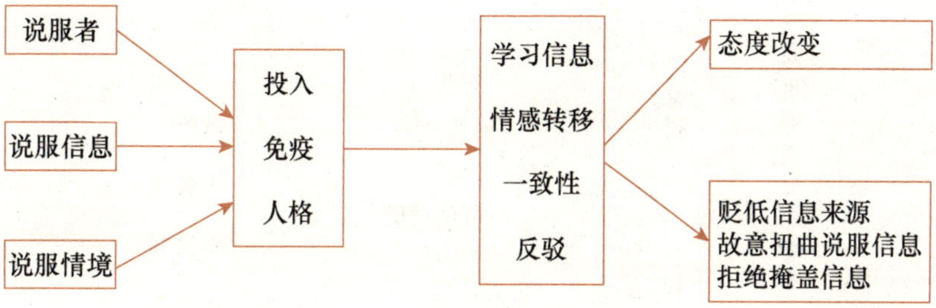

图 4-8　西尔斯修改后的说服模型

四、影响说服效果的因素

从上面的说服模型可以看出，说服效果受到许多因素的制约，这些因素主要包括以下几个方面。

（一）说服者的因素

心理学研究表明，有效的说服和说服者的个人因素有着密切的关系，对一个说服者来说，别人是不是相信他的话，和以下几个方面的因素有关。

1. 专家资格

在某些方面具有专长的人在说服他人的时候比较有效，阿伦森等人（1963）的研究证实了这一点。在研究中，阿伦森告诉被试他们正在参加一项美学研究，并要求被试评价一些较无名气的现代诗里的九节诗句，然后读另外一个人对被试所不喜欢的一节的评价，评价认为这首诗写得好。实验中有的被试读到的评价是由一位著名诗人所写，有些被试读到的评价则由一位不知名的大学生所写。结果正如人们所预料的，高可信度的说服者引起了被试更多的态度改变。

专栏：可信度与睡眠效应

可信度对说服效果的影响在睡眠效应中表现得最为显著。凯尔曼和霍夫兰德发现，态度改变的持续时间并不依赖于对该论点细节的记忆，而与说服者的可信度有很强的相关性。在一项实验中，他们操纵说服者的可信度，事后立即测量态度改变量，发现可信度高的说服者引起较多的态度改变。但是三个星期之后这种差异就消失了，此时可信度低的说服者的影响力与可信度高的说服者的影响力大体相当。凯尔曼和霍夫兰德把这种可信度低的说服者的影响力随时间推移而提高的现象称作睡眠效应。但三个星期后如果提醒被试有关说服者可信度的信息，则由可信度所引起的差异将恢复。

库克（Cook）等人进一步研究了睡眠效应在什么情况下最易发生。他指出，当可信度这一线索一开始便与说服信息相联系时，该效应最可能发生。如果这些线索在说服信息呈现之后出现，由于被说服者已经听完信息并加以认真考虑，这种效应就不易出现。如果被试先听到这些线索再去听内容，他可能对内容完全不加注意，因而他在忘掉说服者之后对信息内容毫无记忆。

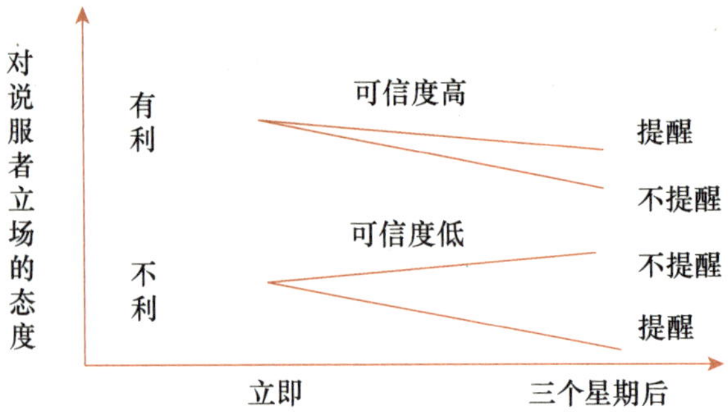

睡眠效应的证据

由可信度引起的态度改变还存在一个有趣的争论：某一领域的专家能否把他的专业知识的影响转移到其他领域？如果可以，其影响到底有多大？比如一位诗人在文学领域颇受尊敬，他同时还有自己的教育与政治观点，他的意见会不会比其他在这一领域知名度较低的人更有分量？他更易让人产生态度改变吗？到目前为止，人们仍然在寻找答案。

2. 可靠性

说服者是否值得他人信任，即他的可靠性如何也对说服效果产生影响。如果人们认为说服者能从自己倡导的观点中获益，人们便会怀疑说服者的可靠性，此时即使他的观点很客观，人们也不大会相信。就像“王婆卖瓜，自卖自夸”一样，她的瓜未必不好，但人们因为其意图而不买她的瓜。沃尔斯特（Walster，1966）等人就证明了可靠性的效果。在实验中，他们让罪犯和地方检察官支持增加或者减少执法人员的权力。研究者假设当被试们支持的观点对自己不利时，说服效果最好。结果确实证明了这一点，如图 4－9 所示，检察官的说服力在要求增加执法人员的权力时有所下降，而当罪犯要求增加执法人员的权力时，他在说服上的影响力远远大于他要求减少执法人员的权力时的说服力，即当说服者反对与自身利益相同的立场时，说服效果最好。

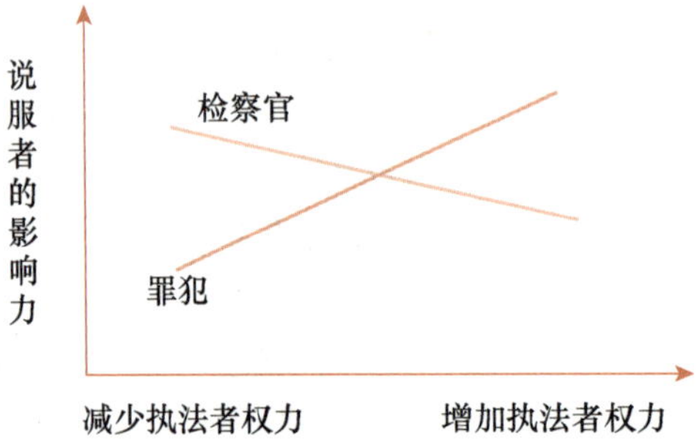

图 4－9　可靠性与说服效果

3. 受欢迎程度

影响说服者说服效果的另一个个人因素是说服者的受欢迎程度。人们经常会改变自己的态度，使其与自己喜欢的人一致。说服者是否受人欢迎由三个方面的因素决定：说服者的外表、是否可爱以及与被说服者的相似性。

一般来说，外表漂亮的人在说服方面更有优势，在蔡肯（Chaiken）的研究中，研究者让漂亮的人和长相一般的人去说服大学生参加一项请愿活动，结果前者说服了43%的人，而后者说服了32%的人。研究还发现，漂亮的说服者可以掩盖其讲话方式的不足。除了漂亮，一个人是否可爱以及乐观也会影响他的说服效果，因为一个可爱的人往往是吸引人的，而吸引人的特征可以提高他的说服力。相似性也是喜欢的重要基础，所以它也有助于态度改变。参照群体与此有着紧密的关系。参照群体是个人认同的、为其树立和维持判断标准，并提供比较框架的群体。如果人们重视自己所属的团体，它就是一个可信度极高的信息来源，成员信任它，并且相信信息的内容。人们常常改变自己的态度，以与自己相似的人一致。

（二）说服信息的因素

我们想要说服别人，不仅取决于我们自身的特性，而且也与我们说的话里包含的信息有关，与此关联的因素有以下几个方面。

1. 说服信息所倡导的态度与被说服者原有态度之间的差距

一般来说，差距越大，促使态度改变的潜在压力越大，实际的态度改变也较大。但是它们之间的关系并非如此简单，差异大的确会产生很大的压力，但不一定会产生很大的态度改变。有两项因素对这种关系有影响：（1）当差距过分大时，被说服者会发现自己的态度不可能改变到消除这种差异的地步；（2）差异太大会使人产生怀疑，从而贬低信息，而不是改变态度。弗里德曼等人对此的看法是：在某一限度内，态度改变随着差异的增加而增加，超过这个水平后，如果差异继续增加，态度改变开始减少。但是如果说服者的可信度高，他能产生最大态度改变的差异水平也就更大。

2. 信息唤起的恐惧感

这种说服性信息通过激发人们的恐惧感来改变态度，这通常被称为引发恐惧的沟通。公益广告常常采取这种方式来说服人们进行安全的性行为、系安全带、远离毒品等。例如，在加拿大销售的香烟要求外包装至少有50%描绘着有关病态的牙龈或身体其他部分的生动的图片。它的影响方式与差距相类似：随着信息唤起的恐惧感的增加，人们改变态度的可能性也增加；但是当信息唤起的恐惧感超过某个界限之后，人们可能会采取防御措施，否定该威胁的重要性，无法理性地思考该问题，因而态度反而不发生改变。

3. 信息的呈现方式

信息的呈现方式包括说服所使用的媒体和单面与双面说服。从媒体的角度来看，大众传播加上面对面的交谈的效果要好于单独的大众媒体。在说服信息非常复杂的时候，不生动的媒介（书面的信息）的效果较好；而当信息简单的时候，视觉最好，听觉次之，书面语最差。从单面与双面呈现信息来看，当被说服者已经处于争论之中时，双面说服的效果要比单面说服的效果好；当人们最初接受该信息时，单面说服的效果好。

二战中德国战败以后，接受并承认日本很强大并相信太平洋战争将持续较长时间的美国士兵易被单面信息说服，而怀疑这些信息的士兵易被双面信息说服（Hovland，1949）。图 4－10 就体现了这一点。

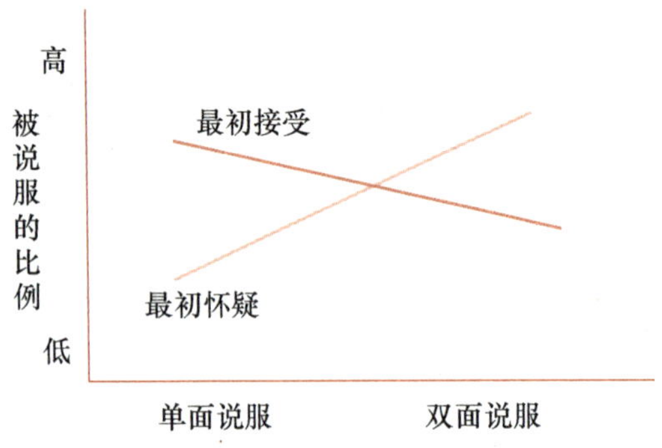

图 4-10　单面说服与双面说服

4. 信息的呈现顺序和关联性

在单加工模型中，先呈现的信息有可能成为评判后续信息的推断依据，从而影响说服过程。信息呈现顺序同样也会影响双面说服的效果。在一项研究中，和只描述酒店温馨的感觉相比，先后提示酒店温馨的氛围和小客房的广告可以引发被试更积极的评价。因为先正后反的信息呈现顺序可以创造一个锚定点，从而使人对一些消极信息作出积极的评价，而先反后正的双面说服效果则要逊色很多。

信息的关联性也是影响说服效果的重要因素。在博纳（Bohner）的研究中，人们首先依据知觉到的信息的专业性来对论据进行评判。当后面的证据模糊不清时，这些基于专家的评判可处于主导地位；当后续的论据能强有力地驳斥之前的信息时，这些新论据将会引导人们形成截然相反的态度。当然，前提是先前的信息能够激活人们用来解释后续信息的判断标准，这样先后呈现的信息才有关联，从而影响最终的说服和态度改变过程。

（三）被说服者的因素

有效的说服也取决于被说服者。与被说服者有关的因素主要有以下几个方面。

1. 被说服者的人格特性

被说服者的人格特征包括个体的可说服性、智力和自尊。有些人能被任何形式、任何内容的信息所说服，Hovland 等把这种人格称为可说服性人格；有些人则是任何信息都难以说服的，这样的人不具备可说服性。智商对说服的影响并不像人们想象的那样——智商越高越难以说服，而是智商高的人与智商低的人一样可以被说服，只是在论点很难的时候，智商才起作用。自尊心较弱的人往往对自己的不足之处很敏感，不太相信自己，因而易被说服。

2. 被说服者的心情

杰尼斯（Janis）和他的同事（1965）通过研究指出，心情好的人更易于接受他人的说服性观点。在一项实验中，他们让有些被试在读说服性信息的时候有东西吃（可以让其心情好），而另一些被试则无东西可吃，结果前一组发生了更大的态度改变。戈恩（Gorn，1982）、米利曼（Milliman，1986）发现同样的效果也发生在有美妙音乐的时候。博纳（1992）与施瓦茨（Schwarz，1990）用认知反应论的观点说明了心情的这种效应，他们认为心情好的人在争论出现时卷入较少，不愿去进行较深入的考虑，所以易被说服。心情对说服效果的影响最明显地体现在幽默的作用上，幽默的说服者常常会使他人心情愉快，为了保持自己愉快的心情，人们不太愿意去追究事情的真正原因，经常容易接受他人的观点。

3. 被说服者的卷入程度

约翰逊和伊格雷（1989）认为，卷入是一种动机状态，它指向与自我概念相联系的态度，卷入越深，态度改变越难。佩蒂等人把卷入分成两种类型：与问题相关的卷入（issue involvement）和与印象相关的卷入（impression relevant involvement）。前者主要强调态度所涉问题与自我概念中重要方面的关联，后者则主要强调个体的态度反应受到他人赞成或反对的影响。

卷入对说服效果的影响也体现在角色扮演对改变人们某些顽固态度的作用上。以吸烟为例，相信没有人不知道吸烟的危害，可是依旧有很多人戒不了烟。怎样才能做到这一点呢？心理学家认为利用角色扮演可以有效地改变人们对吸烟的态度。杰尼斯（1965）在一项有关戒烟的研究中，让被试扮演一位肺癌患者。被试对自己的角色特别投入，他们看着X射线片，假装自己正在与医生谈话，并想象自己正在手术室外面等待做手术，最后经历了由手术带来的痛苦。对这些人而言，这是一次激烈的情绪体验过程。结果很令人振奋：有这种经历的被试成功地戒掉了烟瘾。6个月后的追踪研究发现，经历这种体验的被试比没有此经历的被试戒烟效果更好。

4. 被说服者的动机水平

被说服者的动机水平也会影响说服过程。在一项研究中，学生要评价某隧洞修建工程，在六个先行论据中，第一个有强和弱两种情况，后五个保持中等水平。学生需要在高低两种不同动机水平下来评价该工程。在高动机条件下，学生需要做出支持与否的决定，而在低动机条件下，他们只需要描述大概印象。结果表明：学生在强先行论据的条件下会更赞成隧洞工程，但是动机水平在其中发挥中介作用；在低动机水平下，学生将直接使用先行论据来形成自己的态度判断；在高动机水平下，先行论据会影响之后的论据加工过程，这个过程再影响最后的态度。

5. 被说服者自身的免疫情况

正如人体对疾病的抵抗一样，过多的预先说服会使被说服者产生免疫力，从而使态度改变变得困难。父母在批评与责备孩子的时候尤其要注意这个问题，因为频繁的责备会使孩子产生免疫力，从而使得以后的说服工作变得很困难。此外，过于强烈的禁止行动同样可能产生反作用，使得对方对被禁止的事产生更多的兴趣。按照抗拒理论的观点，人们不喜欢自己的行动和思想自由受到威胁。当人们感到自己的自由受到了威胁时，一种不愉快的抗拒心态会被激发出来，并且人们可以通过从事受威胁的行为（如吸烟）来减少这样的抗拒心理。

6. 个体差异

人和人不同，即使面对同样的信息和同样的说服者，人们对待说服的策略也不一样。影响说服效果的个人因素包括认知需求、自我检控和年龄等因素。

认知需求是个体参与认知活动的意愿。高认知需求的人喜欢从事复杂的认知任务，他们会分析情境，对认知活动做出细微的区分。卡乔波和佩蒂（1982，1992）指出高认知需求的人对说服往往采取中心路径的处理方式，他们仔细分析说服情境中的信息，并尽量确定论点的好坏。低认知需求的人往往采取外周路径的加工方式，他们只考虑并依赖于偶然的线索和简单的规则，如说服者的吸引力或信息的长度。

被说服者的自我监控程度也影响说服的效果。高自我监控的人对外界的线索敏感，而低自我监控的人对自己内在的要求更为关注。斯奈德（1985）等人把自我监控与两种广告技巧联系在一起，其中一种策略称作软销售，它强调产品在广告中的视觉效果，如包装是否精美等，而不注重产品本身的成分；另一种策略称作硬销售，它强调产品的质量、价值和用途，而不太强调外在的包装等线索。结果正如他们所预料的，高自我监控的人易受软销售策略的影响，而低自我监控的人易受硬销售策略的左右，具体如图 4－11 所示。

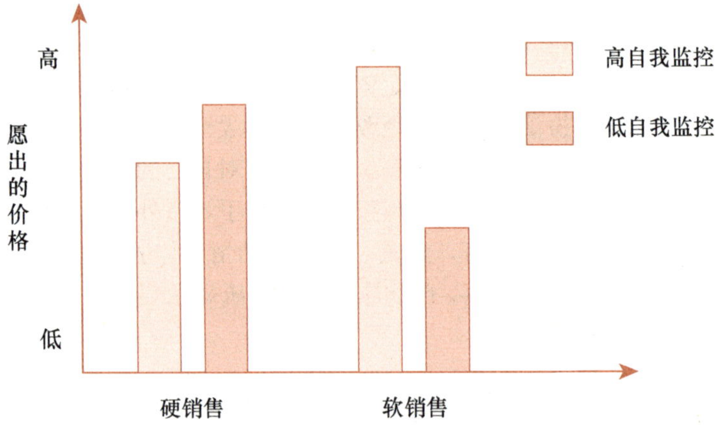

图 4－11　自我监控与说服效果

注：以被试对产品的出价为效标，价格越高表明受影响越大。

年龄差异也影响说服效果。舒曼和斯科特（Schuman & Scott，1989）提出的敏感期假设（impressionable years hypothesis）认为，从青少年时期到成人早期，由于这一时期的经历对自我概念的形成有着重要的影响，所以处在这一阶段的人对他人的说服敏感，并且易接受他人的观点。克拉斯尼克和阿尔文（Krosnick & Alwin，1989）对 1956—1980 年有关这一领域的研究分析支持了这一假设，这些资料来自对 2 500 位选民的调查结果。结果表明，在所有的年龄段中，18～25 岁的人在这几年内态度改变最大。从这一点上来讲，大学教育实际上真正塑造着一个人的人生观，因为这个年龄阶段的人的态度最容易改变。

7. 综合因素

当我们把上述因素放在一起考虑的时候，一些著名的心理学家就提出了一个共同的问题：什么时候该强调沟通的中心因素，比如论据的特性，什么时候该强调论证逻辑的外周因素，比如演讲者的可信度或吸引力呢？蔡肯（1987，1996）等人提出的系统启发式说服模型（heuristic systematic model）和佩蒂（1986，2002）等人提出的精细可能性模型（elaboration likelihood model）对此作了系统的说明。

在系统启发式说服模型中，说服性沟通改变态度通过两种途径进行：一种是系统性的论据处理；另一种是运用心理捷径的方法，比如“专家永远是对的”。而精细可能性模型区分了两种情况：人们何时被强有力的论据说服，何时被表面特征说服。当人们同时具备动机和能力去关注演讲内容时，他们会采取说服的中心路径。这种情况很可能发生在沟通主题与个人有密切关系或当事人拥有很高的认知需求时。当人们既不愿意也无法关注演讲内容时，他们会采用说服的外周路径。在这种情况下，人们会因为演讲者的魅力或演讲的长度等外周线索而被说服。通过中心路径实现的态度改变会比较持久，而通过外周路径实现的态度改变则不太稳定。

8. 自我在说服中的角色

尽管我们罗列了一系列与说服有关的因素，比如可信的说服者、有说服力的信息以及充分的论据等，但西蒙斯（Simons，1971）认为人们是不可能说服他人的，除非他人愿意改变自己的态度。在他看来，说服的过程实际上是一个说服者创造适当情境，以使他人愿意改变态度的过程，而在这个过程中，自我起着主要的作用。

早在 1947 年，心理学家勒温（K. Lewin）就研究了自我与说服的问题，发现人们自己寻找说服原因要比由说服者提供原因更有效。在这项研究中，勒温的任务是要说服美国人吃动物的内脏。他把参加研究的家庭主妇分成两组：一组先让她们看一段 45 分钟的演讲，演讲者强调吃动物内脏可以支援前线的将士，另外也讲了动物内脏含有大量的微量元素，对人体有利；另一组家庭主妇则没有看演讲，而是问她们“是否认为自己的家庭应该吃动物内脏?”并给她们 45 分钟的时间讨论这个问题。结果第一组只有 3%的家庭开始吃动物内脏，而第二组有 32%的家庭开始吃动物内脏，可见自己寻找的说服原因更能使人们改变态度。

为什么自己产生的论据更有说服力？最重要的原因在于自我说服使得人们的参与感加强，从而更倾向于自己支持的态度。另外，当我们觉得他人想要说服我们时，我们往往以消极的态度对待之。所以，最有可能的是我们常常采用自己的论据，因为它来源于可靠的信息源——我们自己。

（四）情境因素

影响说服的情境因素包括两个：一是预先警告，如果预先告诉或暗示被说服者他将收到与他立场相矛盾的信息，此时这个人的态度将难以改变，预先的警告会使人产生抗拒，但这仅限于被说服者讨厌的信息。阿普斯勒（Apsler，1968）的观点代表了人们对这个问题的一般看法：当个体对问题了解得很多时，预先警告会引起抗拒；当人们对该问题了解较少时，预先警告反而有助于态度改变。二是分散注意力，分散注意力能减少抗拒，因而对改变态度有利。

五、从双加工模型到单加工模型

说服的外周路径和中心路径模型可视作一种双加工模型，这种模型的前提假设是不同类型的信息对应着不同性质的加工过程，外周路径引发的是一种启发式的加工方法，而中心路径则动用了系统式的、更精细的加工过程。但是单加工模型认为，不同类型的信息没有本质区别，任何信息都有不同的加工难度和等级。容易加工的信息，比如简短、明显和较早呈现的证据将影响那些不需要付出太多努力的态度判断，而那些难以加工的信息，比如冗长、复杂、隐晦和较晚出现的证据则需要人们进行更深层次的加工才可影响态度。

传统的双加工模型对线索和论据有不同的权重，先出现的线索会压制之后出现的论据信息。由于在这种模型中，线索总是先于论据出现，我们也无法确认这是源于信息类型的差异，还是因为加工顺序的原因。单加工模型从加工顺序入手，认为不论信息类型如何，先出现的信息会影响这个态度形成过程，这意味着论据也能作用于线索乃至最后的态度。

博纳等人重点研究了线索和论据直接的相互作用。当线索和论据没有相关性时，两者将会独立影响态度，没有交互作用；当两者有相关性时，模棱两可的论据将会被先前的线索稀释，矛盾的论据会压倒之前的线索判断。如果先呈现的信息能够作为后来信息质量的判断标准，这两者就存在相关性。

布里奥尼（Brinol）和佩蒂（Petty）则强调元认知在说服中的作用，提出了一种自我确认模型。他们关注人们自己对说服的认知反应的思考。这些元认知思维在动机和加工水平高时越发有效。元认知观点强调了除认知加工等级本身之外，信息的可信性、接收者本身、信息内容和情境等因素也会通过人们的元认知偏好来影响态度。他们还发现，如果人们的元认知思维来源于人的自我本身，而不是文化等其他外界因素，人们的想法将最大限度地决定态度。

知识点 5 偏见问题

学前思考

我们生活中常常会听到“为富不仁”“人穷志短”这样的负面评价，代表着人们对某一群体或其成员的态度。这些态度往往带来歧视性的行为和负面影响。

每个人都可能遇到这样的情形，当遇到这样的情形的时候，你会怎么克服这样的偏见带来的不良影响呢？

学习重点

从 20 世纪 30 年代开始，人们就注意到了偏见的影响：西方人对东方人的偏见和形形色色的种族偏见在很大程度上是纷争的根源。了解偏见，并克服它的影响，对社会的稳定和促进不同文化的交流有着重要的意义。

一、偏见概述

（一）偏见的定义

偏见是人们以不正确或不充分的信息为依据而形成的对其他人或群体的片面甚至错误的看法。偏见与态度有关，但偏见又不同于态度。我们知道态度包含三个成分：认知、情感和行为倾向。与态度的认知成分相对应的是刻板印象（stereotype），它代表着人们对其他团体的成员所持的共有信念，刻板印象可能对，也可能错。偏见（prejudice）则是与情感要素相联系的倾向性，它对他人的评价建立在其所属的团体之上，而不是认识之上。从这一点来看，偏见既不合逻辑，也不合情理。行为成分体现在歧视（discrimination）上，我们对某些人的认识和情感都是负面的，所以我们在行为上用不公正的方式对待他们，如招工时排除女性等。

专栏：英裔美国人比非裔美国人更聪明吗？

这是一个在美国社会争论了近两个世纪的问题，这个问题重新引发的争论与赫恩斯坦和默里（Herrnstein & Murray，1994）的著作《钟形曲线》（*The Bell Curve*）有关。在这本书中，两位作者主张：英裔美国人和非裔美国人在学业表现上的显著差异，可能有遗传上的原因。

在美国，不同的种族团体在学业测验上的成绩存在差异是不可否认的事实：亚裔美国人的表现比英裔美国人要好一些，而英裔美国人又比非裔美国人要好一些。关键问题是：为什么会出现这种差异？是由于内在性格的不同还是情境的差异？

斯蒂尔和阿伦森证明了至少有一个因素是情境因素，即刻板印象威胁在这种差异的产生方面有着重要的影响。他们发现，当非裔美国学生发觉自己处于一个高度评价式的教育情境中的时候，他们很容易体会到一种恐惧：自己会不会证实“智力低劣”的文化刻板印象？事实上他们会说：“如果我在这项测验中成绩不好，会反映出我和我的种族是不好的。”

这样的恐惧干扰了他们在这些情境中的表现。在其中一个实验里，斯蒂尔和阿伦森对斯坦福大学的非裔美国学生和白人学生单独施测 GRE 测验。两个群体中各有一半的学生认为研究者感兴趣的是测量他们的智力，另一半学生则认为研究者只是要研发这份测验——而且，这份测验并不具有效度或者信度，因此他们确信，他们的表现并不代表他们的实际能力。

结果确认了研究者的推测。对白人学生来说，无论他们是否认为这份测验是用来作为诊断工具的，他们的表现都一样好。认为测验并不是在诊断他们的能力的非裔美国学生表现得和白人学生一样好。但是那些认为测验是在测量他们的智力的非裔美国学生表现得既没有白人学生好，也没有另一组的非裔学生好。在后续的研究中，斯蒂尔和阿伦森还发现，种族如果被区分得比较清楚的话，非裔美国人的成绩就会出现比较明显的下滑。

（二）偏见产生的理论

关于偏见的产生，不同的理论有不同的观点，下面我们罗列几种相关的理论。

1. 团体冲突理论

团体冲突理论认为，为了争得稀有资源，如工作或石油等，团体之间会有偏见的产生，从这一点上来看，偏见实际上是团体冲突的表现。团体冲突理论还用相对剥夺的观点解释偏见何时产生：当人们认为自己有权获得某些利益却没有得到，这时他们若把自己与获得这种利益的团体相比较时，便会产生相对剥夺感，这种相对剥夺感最可能引发对立与偏见。

穆扎弗·谢里夫（Muzafer Sherif）等人（1961）在一项经典研究中，用童子军宿营的实验验证了团体冲突理论。被试是一群正常且适应良好的 12 岁男孩，他们被随机编入“老鹰”或“响尾蛇”队。两队的营区相距很远，每一队都只待在自己的营区。实验开始阶段，研究人员为两队各自安排了许多有趣的活动，比如远足、游泳以及盖房子、准备团体膳食等分工合作活动。这样做主要是为了增加其团体凝聚力。

在两队都有了凝聚力后，研究进入了下一个阶段。研究人员安排了一系列让两队相互对抗的竞争活动，比如足球赛、棒球赛、拔河赛等，获胜的队伍可以得到奖赏。通过这些竞争性的活动引发了两队间的冲突与紧张情绪。此外，研究者也创造了其他一些情境来进一步强化两队之间的冲突。

在研究的最后阶段，研究者试图改变两队之间正在升级的敌意。然而研究者发现：敌意一旦被引发，仅仅取消竞争并不能消除敌意。事实上，两队之间的敌意仍然持续上升，即使两队一起看电影，或是进行其他温和的活动，也改变不了已经产生的敌意与对立。

2. 社会学习理论

阿什莫尔（Ashmore，1980）提出的社会学习理论认为偏见是偏见持有者的学习经验，在偏见的学习过程中，父母的榜样作用和新闻媒体的宣传效果最为重要，儿童的种族偏见与政治倾向大部分来自父母，儿童所接受的新闻媒体的影响使得儿童学习到了对其他人（比如少数民族和妇女）的偏见。

为了证明学习在偏见形成中的作用，简·埃里奥特（Jane Elliot，1977）将班上的学生根据眼睛颜色分开，并告诉学生说，蓝色眼睛的人比褐色眼睛的人更聪明、更优秀、更值得信赖等。蓝眼睛的小孩被给予一些特殊的权利。而褐眼睛的小孩被戴上项圈，标明其属于劣等团体。埃里奥特通过这种操作，在她所教的班上创造了一个偏见社会的缩影。随后，她发现这个班级中开始产生分裂和麻烦，作为优势团体的蓝色眼睛组开始对作为劣势团体的褐色眼睛组加以取笑和排斥。第二天，埃里奥特又颠倒了蓝、褐色眼睛孩子的地位，改变了眼睛颜色的刻板印象，褐色眼睛的孩子开始报复。通过这样的安排，她让学生经历了对偏见的学习。

3. 认知理论

认知理论用分类、图式与认知建构等解释偏见的产生，认为人们对陌生人的恐惧（贬低对他们的认识）、对内团体与外团体的不同对待方式（喜欢内团体的人，排斥外团体的人）以及基于歧视的许多假相关（多数人与少数人不良行为的比率相同，但少数人的不良行为被过分估计）等都助长了我们对他人的偏见。

在认知理论看来，偏见是人们处理和整合信息的时候不可避免的副产品，阿伦森甚至认为偏见是人类社会认知的黑暗面。人们倾向于将信息分类组合，形成一些架构并用它们来解释新的或不寻常的信息，依赖潜在的不准确的判断法则，以及依赖往往有误的记忆过程——社会认知的所有这些层面都能导致我们消极偏见的形成。

4. 心理动力理论

心理动力理论用个人内部的因素解释偏见，认为偏见是由个体内部发生、发展的动机性紧张状态引起的。心理动力理论有几种不同的形式：一种形式把偏见看成一种替代性的攻击，另一种形式则将偏见视为一种人格反常，认为偏见是一种人格病变。其中最为有名的当数阿多诺（Adorno，1950）对“权威性人格”的研究。他发现，20 世纪 30 年代德国人的反犹太情绪是由权威性人格发展起来的，这一人格的特征包括：对传统价值观与行为模式的绝对固执，认同并夸大权威，将对某些人的敌意扩大到一般人身上，具有神秘及迷信的心理倾向。

5. 人格理论

埃特米耶（Altemeyer）发展了阿多诺的理论。他用右翼权威性（RWA）量表来测量权威性人格中的保守主义、攻击性和服从，发现右翼权威性能聚合成单一维度，而且能有效预测偏见和自我中心行为。斯达纽斯（Sidanius）也提出另外一个个体差异维度——社会支配取向（SDO）。社会支配取向是指人们如何看待群际关系，即群体之间是否公平，内群体是否优于外群体。社会支配取向量表可以有效预测社会政治和群体现象。社会支配取向量表与右翼权威性量表很相似，但是两者的相关性却很低，学者们认为它们是相互独立作用于偏见的。

杜基特（Duckitt）的双加工动机理论（DPM）模型认为，社会支配取向和右翼权威性不是人格特质，而是社会政治态度的两种基本维度。社会支配取向可以用来表达基于群体的支配和超越动机，而右翼权威性则代表着社会一致性和集体安全的诉求。这两种动机过程取决于人们的人格和在社会化过程中习得的图式观念。右翼权威性与服从性有关，即大五人格中的开放性。而社会支配取向与倔强性格有关，即宜人性。西布利（Sibley）和杜基特（Duckitt）在一项元分析中研究了偏见与大五人格的关系。和双加工动机理论模型一致，右翼权威性和社会支配取向分别在开放性和宜人性对偏见的影响中充当中介。

二、偏见的影响与克服

（一）偏见的影响

1. 对知觉的影响

偏见会影响到人们对他人的知觉，以性别偏见为例，尽管照片上男性与女性的身高一样，但人们的实际判断依然有很大的差异。性别偏见的表现如图 4－12 所示。

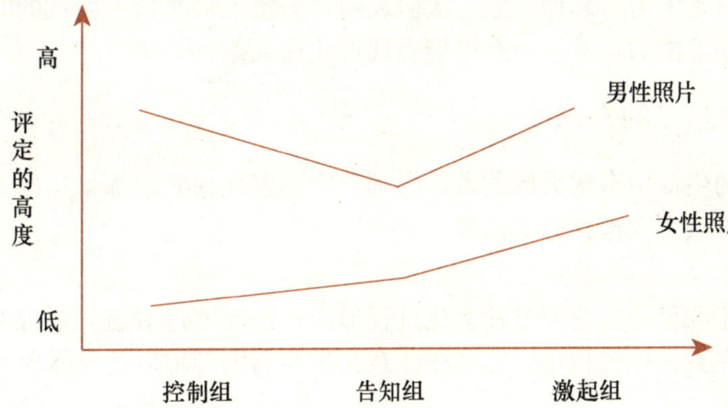

图 4－12　性别偏见的表现

不告诉控制组被试任何东西；在告知条件下，告诉被试之所以选择这两张照片是因为照片上的男女一样高；在激起条件下，告诉被试他们如果判断准的话有一笔奖金，同时还告知他们照片上的男女一样高。这种知觉还表现在许多其他的领域，比如白人评判者认为黑人儿童画的画比白人儿童画的画更冒险。斯宾塞和斯蒂尔（Spencer & Steele，1995）在研究针对女性数学能力的刻板印象时发现，男性与女性数学能力的差异受测验指导语的影响，在测验之前如果告诉参加测验的男女生这个测验会有性别差异（男性成绩优于女性)，则实际测验能发现这种差异；如果测验前告诉被试该测验不会有性别差异，则这种差异也确实消失了。

2. 对自身和他人行为的影响

我们本身持有的一些偏见甚至会影响我们自己的行为。人们一致认为睾酮是反社会行为、自私行为和攻击性行为的罪魁祸首。实际上很多科学家开始质疑这种说法，因为睾酮只涉及人际地位竞争的行为。艾森哈特（Eisenegger）在一项研究中发现，给妇女注射睾酮之后，能够减少交易行为中的冲突，甚至促进人际和谐。而那些以为自己服用了睾酮的女性被试，却在交易过程中表现出更少的公平性。研究者认为偏见制造了睾酮和公平行为之间的消极联系。由此可见，人们的偏见能激发与之相适应的行为。

我们对他人的偏见也影响他人实际的行为表现，这一点最明显地表现在自证预言中。偏见持有者对对方的预期会使对方按照自己的预期去表现行为，罗森塔尔（Rosenthal，1978）把这种个体使得目标对象产生符合预期行为的现象称作自证预言，也称自我实现的预言。

沃德、赞纳和库珀（Word，Zanna & Cooper，1974）证实了这种自证预言现象与刻板印象、歧视之间的相关性。在研究中，研究者要求白人大学生面试几名求职者，这些求职者中，有些是黑人，有些是白人。当大学生在和黑人面谈的时候，不知不觉地就表现出了不自在与缺乏兴趣。他们坐得比较远，说话结巴，并且结束谈话也比面试白人的时候更快。为了弄清这些行为会如何影响黑人求职者，研究者进行了第二次实验，这次他们系统地控制面试者的行为，使他们的行为和第一次实验中面试者对白人或黑人求职者的方式一样，但是第二次实验中所有的求职者都是白人。研究者将面谈过程进行录像，并且让不同的人对求职者的表现进行评价。结果发现，那些受到以第一次实验中面试黑人的方式进行面试的求职者，和被以第一次实验中面试白人的方式进行面试的求职者相比较，前者被认为比较紧张并且缺乏实力。总而言之，实验表明，当黑人接受白人面试的时候，他们会不自觉地感到自己缺乏能力，并且很有可能表现得比白人差。

（二）消除偏见的方法

偏见在我们的生活中有很大的危害，心理学家一直在探索消除偏见的方法。到目前为止，消除偏见的方法主要包括以下几种。

1. 社会化

儿童、青少年的偏见主要通过社会化过程形成，因而通过对这一过程的控制可以减少或消除偏见，而在社会化过程中，尤其要注意父母与周围环境以及媒体的影响。

2. 受教育

接受的教育越多，人们的偏见将越少。有时候人们的偏见更多来源于自己的无知和狭隘，所以通过让人们接受更多的教育来减少偏见是一种很有效的方法。

3. 直接接触

阿米尔（Amir，1969）、布鲁尔与米勒（Brewer & Miller，1984）提出的接触假设认为，在某些条件下，对立团体之间的直接接触能够减少他们之间存在的偏见。这里所指的条件包括：地位平等、有亲密的接触、团体内部合作并有成功的机会、团体内部有支持平等的规范。基于这一假设，举办国际性的学术会议、奥运会等都可以克服人们之间的偏见。

专栏：拼图教室：合作学习的典范

1971 年，美国得克萨斯州的奥斯汀开始实施种族混合教学。但不幸的是，几周之内，黑人、白人以及其他种族的学生之间就出现公开的冲突，走廊和校园里到处都有打架滋事的情况。学校当局邀请阿伦森教授为解决这些问题提供一些方法。在进行了几天的观察以后，阿伦森和他的研究生们以谢里夫（Sherif）营区实验的发现为依据，提出了一种以降低儿童偏见、提高儿童自尊为目的的教室安排：学生被安置在非隔离的小型团体中，每个学生都必须依赖团体内的其他成员来学习课程内容。因为这种方式类似于拼图活动，他们称之为拼图教室。

拼图教室实施的方式是：学生们被分为六人一组的学习团体，当天的课程被分为六部分，每个学生都分到一段文章，比如当天所学的是华盛顿的传记，那么传记被分成六部分，每个学生都分到一段，就好像一张拼图一样，必须将它们拼在一起，才能得到一张完整的图画。每个学生必须先学习自己分到的段落，然后将内容告诉其他同学，这是他们知道其他段落内容的唯一方法。因此，如果一个学生要在课程学习中取得好成绩，这个学生就必须注意倾听其他五位学生所讲的内容。

与传统的竞争式教学相比，拼图教室的学生彼此依赖。通过这个拼图过程，学生们开始关注别人，并且彼此尊重。正如研究者所期望的，与传统教室的学生相比，拼图教室的学生偏见和刻板印象都有所减少，对队友的喜爱有所增加。另外，和传统教室的学生相比，拼图教室的学生在客观测验中成绩较好，而且自尊也有明显的增加，他们也更喜欢上学。此外，在拼图教育下的学生表现出了真正的种族融合的倾向。

拼图为什么有效？拼图技术成功的一个重要原因是：合作团体参与过程成功地打破了内团体对外团体排斥的观念，促进了对同一团体的认知，没有人被排除在团体之外。拼图学习在人际关系方面能够产生积极结果的另外一个原因是：合作学习鼓励了同情心的发展。在传统教室里，学生的目标仅仅是为了向老师展示自己的聪明才智，没有必要去注意教室里的其他同学。但是在拼图教室里，为了有效地参与到学习中来，每一位学生都需要密切关注团体内任何一位同学。在这个过程中，学生们开始认识到，如果以能够适应他人的特殊需求的方式和他人打交道的话，就有可能取得更好的成绩。

4. 自我检控

由于偏见本身也与认知过程有关，所以通过对认知过程的检控也可以减少偏见。当人们意识到自己有偏见时，可以通过静下心来想、抑制自己的偏见反应等来减少偏见。在此过程中，内疚感、自我批评、搜寻引发偏见反应的情境线索都有助于偏见的消除或减少。

单元小结

本单元主要是认识人类的态度，讲述了有关人类态度方面的基础知识，即态度的定义和心理功能、态度的形成和改变、偏见等，系统地介绍了从态度预测行为的影响因素以及如何克服偏见等方法。这些内容有助于同学们在实际生活中运用相关的技巧和方法。

第五单元

人际关系

学习导引

“哦，朋友，这就是我的肺腑之言。因为有了你，蓝天才广阔无垠；因为有了你，玫瑰才火红艳丽。”这句话表达了爱默生对于友谊的美好愿望。如此美好的友谊属于人际交往中的一部分，那完整的人际关系又是怎样的呢？本单元将带领同学们进入人际关系的网络中，让同学们不仅可以从宏观上把握人类的人际交往，也可以从微观细节处去体验人际交往关系。

本单元主要讲述的内容包括：人际吸引、亲密关系、爱情等。通过本单元的学习，同学们会掌握发展良好人际关系的秘籍，了解不同类型的爱情，探索复杂的人际关系等。

学习目标

学习完本单元内容后，你将能够：

- 阐述人际吸引的原因、原则以及影响人际吸引的因素。
- 解释什么是亲密关系以及如何维持亲密关系。
- 描述爱情的定义、分类、行为与感受等。

思维导图

接下来，让我们一步步地深入理解本单元的学习内容。首先，我们来熟悉一下本单元内容的整体框架。

以下是本单元内容的整体框架以及学习这部分内容的思维过程规划。此图可以帮助你从整体上了解本单元内容的知识结构和学习路径。请你认真品读和理解，帮助自己建立对本部分知识的整体印象。

看完上面的思维导图后，你是否已经对本单元所要学习的内容以及如何学习这些内容有了一个初步的整体印象了呢？接下来，我们将在这个整体框架的指引下逐一学习每个知识点的具体内容。我们需要重点学习人际吸引和亲密关系等方面的内容，掌握知识的内涵。同时，在学完这些知识的基础上，要试着将它们与实际工作中的某些案例进行对接和思考，这样可以帮助你更好地内化所学的知识。

知识点 1 人际吸引

学前思考

心理学家安德逊研究指出，在人际关系中最受欢迎的十项人格特质依次排列为：诚恳、诚实、理解、忠诚、可信、可靠、聪明、关怀、体谅、热情。

中国有个成语叫“惺惺相惜”，是指性格、志趣、境遇相同的人互相爱护、同情、支持。

中西方观点碰撞表明，人际交往过程中会涉及人格特质、兴趣爱好等各种因素。请大家在学习之前思考一下：你会与什么类型的人成为朋友？哪些因素会影响到人与人的交往？

学习重点

人际关系是人们在人际交往过程中所形成的心理关系，它表现在人们对他人的影响与依赖。与他人建立良好的人际关系是人类社会生活中最为重要的任务之一。心理学研究表明，与他人建立良好的人际关系，不仅可以使我们克服生活中的寂寞，而且人际关系所提供的社会支持对我们的身心健康也有着不可替代的影响。对中国人来说，人际关系更是被放在了一个重要的位置上。这种对人际关系的强调有它好的一面，比如由于强调与他人的联系，使得中国人比较强调内团体的利益与和谐，但这种对人际关系的强调又使得人们做任何事情都要依赖关系，从而使整个社会受到损害。

人是社会性动物，与他人进行有意义的交往是人类社会生活的前提。心理学家鲍迈斯特（Baumeister，1995）等人指出：归属的需要是人类最重要、最基本、最广泛的社会动机。拉森（Larson，1981）在研究了人们的时间利用后也发现：人们大部分的时间与他人在一起（青少年 74%，成人 71%），并且和他人在一起的时候，个体表现得更快乐、警觉和兴奋。瓦尔（Waal，1989）对大猩猩和猴子的比较研究显示，这种亲和需求存在着生物基础，也就是说，人们寻求与他人交往、交朋友并进一步发展成为亲密关系的倾向源于自身生存的遗传特质，为了生存，人们需要与他人交往。

一、人们互相吸引的两个原因

（一）人类天生就具有亲和动机

阿特金森（Atkinson，1954）、麦克亚当斯（McAdams，1980）等人认为，有两种动机影响人们的社会交往：一是亲和需求，它是指一个人寻求和保持许多积极人际关系的愿望；二是亲密需求，指人们追求温暖、亲密关系的愿望。这两种动机合称为人类的亲和动机，即人类和他人在一起，并不断发展亲密关系的动机。

人类的亲和动机与两个方面的因素有关：第一个因素与社会比较有关，它强调人们通过社会比较获得有关自己和周围世界的知识。比如沙赫特（Schachter，1959）发现，和他人在一起可以减少个体的恐惧和焦虑。在一项研究中，沙赫特告诉女性被试她们要参加一项电击如何影响生理反应的实验。在"高焦虑"组里，被试被告知电击很痛但不会对她们造成伤害；"低焦虑"组的被试则被告知电击就像打针一样只有一点痛。实际上她们不会受到电击，实验者只是想让被试相信自己不久将会受到这样的电击。之后，沙赫特告诉被试由于实验用的仪器还没有装配好，请她们等 10 分钟，并且告诉被试她们可以自己单独等，也可以与其他被试一起等。结果如图 5－1 所示：在高度焦虑时，人们选择与他人一起等待，而在低度焦虑情况下人们却更愿意独自等待。沙赫特用社会比较理论（social comparison theory）来解释这种现象，他认为人们之所以与他人亲近，是为了拿自己的感觉与其他在同样情境下的人进行比较。米勒（1984）进一步认为，人们不仅通过社会比较来判断自己的能力和自我概念，而且通过它获取有关自己情绪甚至朋友选择方面的信息。

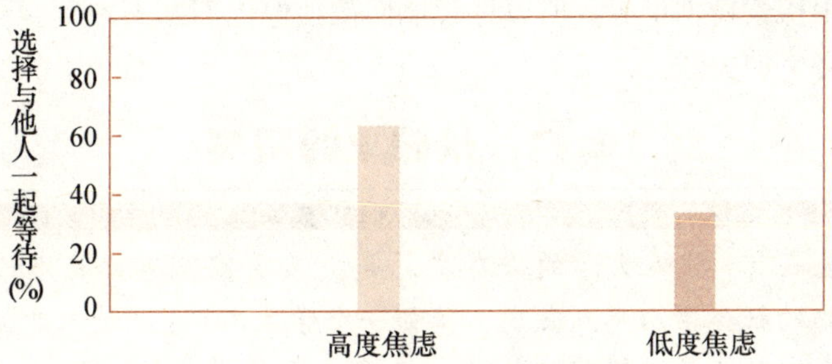

图 5－1 不同焦虑情况下人们的选择

人类具有亲和需求的第二个因素与社会交换有关，它强调人们通过社会交换获得心理与物质酬赏。按照社会交换理论的观点，人们会尽量寻求并维持酬赏大于付出的人际关系。

对于亲和需求的作用，魏斯（R. Weiss，1974）指出，亲和需求可以提供六种重要的酬赏：

（1）依恋：指最亲密的人际关系所提供给个体的安全及舒适感，这种依恋小时候指向父母，长大成人后则针对配偶或亲密朋友。

（2）社会整合：通过亲和与他人交往，并与他人拥有相同的观点和态度，产生团体归属感。

（3）价值保证：得到别人支持时所产生的自己有能力、有价值的感觉。

（4）可靠的同盟感：通过与他人建立良好的关系，意识到当自己需要帮助时，他人会伸出援助之手。

（5）得到指导：与他人交往可以使我们从他人那里获得有价值的指导，比如从医生、朋友以及老师那里得到指导。

（6）受教育机会：与他人交往能够使我们有机会接受来自他人的教育。

（二）克服寂寞

人们与他人交往的第二个原因是为了克服寂寞。相信我们每个人都有过寂寞的体验，那么什么是寂寞呢？心理学对寂寞所做的定义是：当人们的社会关系缺乏某些重要成分时所引起的一种主观上的不愉快感。比如当你远离自己的故乡来到外地或是去国外留学的时候，在最初的几周内，由于人生地不熟，你就会觉得自己的社会关系当中缺乏你所需要的支持与关爱，你必然会有寂寞的体验。

心理学家魏斯把寂寞分为情绪性寂寞（emotional loneliness）和社会性寂寞（social loneliness）。前者是指没有任何亲密的人可以依恋而引起的寂寞，比如到了一定的年龄以后一个人需要建立一个家庭，并把配偶当作亲密的人来依恋，如果一个人到了 40 岁还未成家，他又与父母及朋友住得较远，这样的人常常会体验到情绪性寂寞。社会性寂寞则是指当个体缺乏社会整合感或缺乏由朋友或同事等所提供的团体归属感时产生的寂寞。比如远在国外生活的人常常会因为观念和行为很难融入当地人的生活中去，因此会产生社会性寂寞。

在谈到寂寞的时候，我们还需要弄清楚它与孤独（aloneness）的不同：孤独是一种与他人隔离的客观状态，它可以是愉快的或不愉快的，如宗教领袖与伟人经常是孤独的，但是他们是在孤独中探索精神世界，所以尽管他们孤独但他们并不寂寞。可以说，寂寞和孤独之间没有任何必然的关联。

专栏：校园里的寂寞

对于许多学生而言，进入大学的兴奋中总是夹杂着寂寞感，因为必须离开家人及朋友，所以对于面临的社会生活感到焦虑。正如一个学生所说："进入北大对我来说是很好的学习机会，在高中时曾是'模范生'及'最受欢迎的学生'，现在一切都得从头开始。起初，除了陌生人外，什么都看不到，这点很难适应，但我发现自己已渐渐习惯了。"

为了了解进入大学后个人生活的改变，卡特娜在一项研究中发现，刚进入大学的学生在最初的几周内，75%的人报告有寂寞的体验，40%以上的人报告说寂寞极严重。7 个月之后仍有 25%的人感到寂寞。卡特娜还研究了那些克服了寂寞的学生与仍感到寂寞的学生的差异，发现他们最大的差异在态度方面。假如在刚开学时，学生便预期将交到很多新朋友，并对自己的人格自信时，几个月后便恢复正常。因此卡特娜指出：乐观及自信是创造令人满意的社会生活的主要因素。其他心理学家还发现，有寂寞感的大学生在与他人互动时自我中心的倾向很高。还有人发现，有寂寞感的学生的自我展露方式也不同于一般人，他们不会对刚认识的人说真心话，且不轻易透露关于自己的信息。

寂寞对人们的生活有着重要的影响，如果一个人经历长期寂寞（也称慢性寂寞），他的生理与心理健康将会受到影响。心理学家在探讨这个问题的时候把它与青少年问题结合在一起，着重分析了父母离异对孩子寂寞感的影响，得到了对我们的生活很有价值的一些结论。

自 20 世纪 80 年代以来，离婚成为一个十分严重的社会问题。贝恩（Bane，1976）根据一项调查指出，约有 1/3 的美国孩子在 18 岁之前有父母离异的情况。随着人们婚姻观念的变化，我国离婚的比例也在逐年上升。关注离婚对青少年和儿童的影响是保证下一代健康成长的基础。

早在20世纪80年代初，朗费罗（Longfellow）在研究离婚的影响时就发现：父母离异的孩子长大后较易感到寂寞。鲁本斯坦（Rubenstein，1982）等人则进一步发现，孩子的寂寞感与父母离婚时孩子的年龄有关。如果父母离异发生在孩子6岁以前的话，寂寞更可能在孩子身上发生。在研究中，为了确认孩子的寂寞感确实是由父母离婚而引起，鲁本斯坦还对比了父母离异的孩子和双亲中一方自然死亡的孩子在寂寞上的差异，结果发现，在儿童时期双亲之一自然死亡的人，在他长大后所体验到的寂寞与完整家庭长大的人一样。

鲁本斯坦在解释此结果时认为有两个方面的原因：一是孩子的归因。较小的孩子常将父母的离异归于自己身上，虽然这是不合理的信念，但孩子们却相信是自己使父母离异，这种倾向在学龄前儿童身上尤其强烈。但如果父母离婚时孩子较大，他们通常较能理解父母的离婚并非自己的过错。另外，由归因所引起的这种自我责备常常会在孩子的心理上留下阴影，并进一步伤及孩子的自尊心。第二个原因与这些孩子对待他人的态度有关。父母离异的孩子也可能将他人视为排斥性的及不可信赖的，他们常常认为父母是不值得尊敬、令人挫折的，因此他可能会将这种知觉概化到一般人身上，认为其他人也不值得信赖，人际关系不可靠，不愿与他人交往，从而产生寂寞感。心理学家发现，有许多因素对人们的寂寞感有影响，这些因素包括以下几个：

（1）婚姻与经济状况。一般说来，已婚者的寂寞感较少，但如果已婚者对自己的婚姻不满或是缺少朋友的话，他们也会感到寂寞。贫穷的人比富有的人寂寞感强，这也许与后者有较多的时间和金钱从事休闲活动有关。

（2）年龄因素。一般情况下，人们会认为年纪大的人较寂寞，但实际研究发现青少年最寂寞。帕尔利（Parlee，1979）在一项调查中发现：18岁以下的人中约有79%的人说他们有时或经常感到寂寞，在45～54岁的人群中只有53%的人这样回答，而55岁以上的人相同回答的比例降到了37%。对于这种年龄差异，心理学家不能肯定其原因，有人认为这与年轻人愿意说出自己的寂寞感有关，也有人认为这与年轻人的生活变化多有关。确实，随着年龄的增长，人们的生活会日趋稳定，加上社交技巧的发展和对社会关系预期的日益实际化，人们的寂寞感会降低。

（3）人格因素。寂寞的人比较内向、害羞、自尊心低、社交技巧差。寂寞也常常与焦虑和忧郁联结在一起，这些人格因素里有一些可以同时是寂寞的起因及结果。例如，自尊心低的人可能不愿在社会生活里冒险，使得他不易和他人形成人际关系，从而加重了寂寞；反过来，长期的寂寞经验可能使一个人认为自己是个社交上的失败者，使自尊心更低，更不愿意与他人交往。

尽管上述因素对寂寞感有影响，但更多的心理学家则相信寂寞与社交技巧有着更紧密的关系。索拉诺和凯斯特（Solano & Koester，1989）发现，有慢性寂寞的人常常是那些缺乏社交技巧的人，所以要想克服寂寞，首先需要提高他们的社交技巧。库普基（Kupke，1979）和万杰利斯蒂（Vangelisti，1991）等人提出了一些提高社交技巧的建议，包括以下两个方面：

（1）提高对他人的关注。向他人多问问题，并表现出对他人话题的兴趣，而不要只是被动地对他人的问题做出回答，或者只谈自己感兴趣的事情。

（2）培养自己认识并遵从社会规范的能力。可以通过亚当斯（Adams）等人（1988）的社会技巧训练来提高自己在这一方面的能力。这种训练先让社交技能较差的人观察很会交往的人的行为（示范作用），接着让他们用角色扮演的方式解决自己在不同情境中遇到的交往问题，之后让他们观看自己与他人交往的视频，并提供必要的反馈。采用这种训练方式可以使人们学习到怎样开始一个话题、怎样处理沉默期、怎样使用非语言的交流线索以及怎样倾听别人的观点等。

二、人际吸引的基本原则

在前面我们已经讲过，第一印象最重要的维度是评价。那么，为什么我们喜欢一些人而不喜欢另外一些人呢？最普遍的答案是：我们喜欢那些能给我们好处的人。

（一）强化原则

强化是学习理论的基本原则，用在人际吸引上就是我们喜欢能给予我们酬赏的人，讨厌给我们惩罚的人。许多研究显示，我们喜欢对我们做正性评价的人，而反对给我们做消极评价的人。比如在一项实验里，阿伦森（1965）让自己的助手假扮成被试与另一名真正的被试进行一系列简单的交往。每次交往之后，真被试偶尔还会听到实验中的助手与实验者的谈话，谈话中助手提到了他对被试的评价。在第一种情况下，他总是说自己喜欢被试；在另一组里，助手总是挑被试的毛病。实验结束后，实验者让真被试评价对助手的喜欢程度，结果如表 5-1 所示。有趣的是，研究还发现当真被试偶然偷偷听到其他人对自己做好的评价时，会更加喜欢助手。

表 5-1　由他人对自己的评价而产生的喜欢与不喜欢

实验条件	被试对助手的喜欢程度
实验助手做正性评估	6.4
实验助手做负性评估	2.5

注：表内数字是在－10～＋10 量表上的评定。

（二）社会交换

人们是否喜欢某个人取决于我们和这个人交往时对成本及收益的评价，如果在与某个人的交往中，我们获得的收益大于成本，我们就会和他继续交往下去，并且对这种交往的评价也较高；如果在交往中付出多、收益少，交往就有可能中断，我们对这种交往的评价也低。简单说来，人们所知觉到的一种关系的正性或负性程度取决于以下方面：（1）自己在这种关系中所得到的收益；（2）自己在这种关系中所花费的成本；（3）对自己应得到什么样的关系和自己能够与他人建立一个更好的关系的预期。

然而，社会交换理论也会有一些例外的情况。比如在某些情境下，人们并不愿意做那些在关系中收益最大的人。一些学者认为，关系满意度最重要的决定因素是关系中的公平程度。按照公平理论，当我们在关系中体验到的收益和成本之比大致与伴侣体验到的相等时，我们是最为快乐的。

（三）联结原则

我们喜欢那些与美好经验联结在一起的人，而厌恶那些与不愉快经验联结在一起的人

(Clore，1974)。梅和汉密尔顿（May & Hamilton，1980）的一项研究就证明了这一结论。研究中主试把大学生被试分为两组，分别让他们听最喜欢的摇滚乐或最不喜欢的前卫派古典音乐，在听音乐的同时让他们评价一个陌生男子的照片。结果发现，当照片与他们最喜欢的摇滚乐结合时，学生对陌生男子照片的评价也较正面。

三、影响人际吸引的因素

（一）个人特质

一个人的某些特征会决定他是否受人喜爱。在一项研究中，安德森（Anderson，1968）收集了555个用来描述个人特质的形容词，让大学生评定对具有其中某项特质的个体的喜欢程度。结果发现，对20世纪60年代的大学生而言，真诚是最重要的特质，在评定最高的8项形容词中占了6项（真诚的、诚实的、忠诚的、真实的、值得信赖的、可靠的），另2项特质为“温暖”及“能力”，而被评定最低的特征为“说谎”及“欺骗”。也就是说，人们认为一个人是否真诚决定了我们是不是会喜欢这个人。总的来说，影响人际吸引的个人特质包括以下三个。

1. 个人的温暖

温暖是影响我们形成对他人第一印象的主要特质。什么因素让人觉得温暖呢？有学者指出：当人们对其他人有正性态度时便表现出温暖，而温暖的人较受人欢迎。

2. 能力

人们往往比较喜欢有能力的人，能力所涉及的范围很广，比如智力、社交技巧等。有时候聪明的人较受欢迎，但有时候过于完美反而会引起他人的不舒服。阿伦森等人(1966)的实验证明了这一点。在实验中让被试听录音带，录音带的内容是讲一个学生参加某一项测验。第一组被试听到的录音内容是在测验中学生表现优异，几乎答对了所有问题；第二组被试听到的录音内容是在测试中学生表现平平。测验结束后，部分被试还听到学生不小心把咖啡倒在了自己的衣服上。结果表明，表现优异的人受到了更多人的欢迎。该实验还发现了另一个有趣的结论：当表现优异者犯了一点小错误或者略有失态，比他毫无失误时更受欢迎。

3. 外表的吸引力

人们最容易注意到的是他人的外表，在其他条件相等的情况下，漂亮的人更招人喜爱。社会心理学研究显示，外表漂亮的人更容易引起周围人的注意，人际吸引力更大，更容易获得他人的帮助，有更多的约会，更受人欢迎，也更容易获得职业的成功，很可能还会有更好的身体和精神状态。例如，沃尔斯特在一项“电脑约会”的实验中发现，无论男性还是女性，漂亮的人更受人欢迎。外表之所以有如此强烈的影响力，一是因为晕轮效应的存在，用戴恩（Dion）的话来讲就是“美的就是好的”。另一个因素是所谓的“漂亮的辐射效应”，即人们认为让别人看到自己和特别漂亮的人在一起，能提高他们的大众形象，就像对方的光环笼罩着自己一样。

随着文化心理学的兴起，有学者认为，不同人际关系可以自由选择的程度不同，外表吸引力在其中的作用也是不同的，这中间可能有文化差异。外表吸引力通常意味着健康和生殖能力，但只有文化情境使你有机会选择建构你的关系时，外表吸引力对生活的作用才会得以彰显。比如研究发现在加纳这样的依赖型文化中，拥有良好外貌特质的人并没有享受到满意的人际关系。而在独立型文化中，良好的外貌特质往往能带来好生活。

专栏：针对美貌的刻板印象

美貌有统一的标准吗？这一直是一个引发争论的问题。

一方面，不同种族、不同文化条件下的人们都达成了这样一个广泛的共识，那就是同一类面孔和体型是很吸引人的。比方说，一个迷人的女性的眼睛应该占她脸的宽度的30%，她的鼻子应该约占整个面孔的5%（M. R. Cunningham，1986）。对许多人面部照片的组合研究发现，面部的对称性也很关键。如果最后组合成的面孔是一张已经存在的普通面孔，那通常人们也会认为它更迷人，即使面孔组合所用的那些部件其实均来自现实中的人。漂亮宝宝的妈妈相比不漂亮宝宝的妈妈与宝宝之间会进行更多的交流，同样，婴儿对漂亮的面孔也会给予更多的注意。

另一方面，外在的吸引力要在很大程度上依赖于内在的品性。比如，我们有多喜欢一个人，我们就会怎样评价他的性格。多年前，迪恩、伯奇和沃尔斯特写了一篇文章——《漂亮的就是好的》，文中介绍了有关美貌所造成的刻板印象。迪恩发现人们对长相漂亮的人的评价要高于一般的人，人们往往认为漂亮的人婚姻幸福、职业较好、威望也高。与不漂亮的人相比，漂亮的个体更为自信、温暖、诚实、强壮、谦虚、友好、合群及有知识。正如前面讲过的，漂亮在很多方面影响人们的生活。

但是漂亮并不是绝对的。比如影视界往往被漂亮的人占据，一些人认为这些完美的形象产生了一种不实际的标准，很少有人能达到。这些传播媒体所造成的漂亮标准，在日常生活里是否确实会影响我们对他人的反应方式呢？为了验证这一点，肯贝利等人（1989）设计了一项现场研究。他们在男性大学生看一部《霹雳娇娃》（由三位漂亮女性主演的影片）前后访问这些大学生。实验中两名实验者的助手到大学生宿舍，请他们帮忙解决一项私人争论，让大学生评定照片（这张照片事先已被评定为中等，在一个7点量表上得4分）上的女孩的漂亮程度。正如预测的一样，刚刚看过《霹雳娇娃》的男学生对照片上女孩的评价比未看过的低。该研究揭示了漂亮的对比效果：普通外貌的人常常因为另一个刚出现过的美貌绝伦者，而被认为较不具有吸引力。

肯尼斯和维勒进行了进一步的研究，他们想知道对比效果在什么情况下产生，而与其相反的辐射效应又在什么情况下产生。他们假设是长相一般的人和漂亮者之间的关系造成了这种差异。为此肯尼斯设计了一项研究，实验中被试看到两个人，其中一位是长相一般的目标个体，另一位是外貌较好或是其貌不扬的比较个体，这两个人有时扮成朋友，有时为陌生人。这两种不同的人际关系产生了不同的效果（陌生人、朋友）：当他们被认为是陌生人时，产生对比，而当两人是朋友时，则产生辐射效应。

（二）相似性

人们倾向于喜欢在态度、价值观、兴趣、背景及人格等方面与自己相似的人。坎德尔

(Kandel，1978) 对 2 000 名高中生的友谊关系所做的研究证明了这一点，他让每一位学生写出他在学校里最好的朋友，并详细填写有关自己的背景及态度的问卷，大部分学生最好的朋友在性别、年级、年龄及种族、学业态度、对药物的态度等方面与自己都很相似。

对人际吸引有重要影响的相似性包含以下几个方面：一是人口特征的相似性，包括性别、种族背景、宗教、社会阶层以及年龄。二是态度的相似性，包括观点、人格、兴趣、人际风格等。在柏恩（Byrne，1971）的一项相识研究中，被试在填写完一份态度问卷后，主试把他介绍给另外一个人，同时要求这个人要把自己在该态度问卷上的回答大声地念给被试听。实际上这个人所念的问卷是由主试替他填好的，有些情况下这些回答与被试的一致，有些情况下则差别较大。念完之后要求被试评价对这个人的喜欢程度，结果正如人们所预料的那样，态度的相似性导致了喜欢程度的增加。态度相似性与吸引力的关系如图 5－2 所示。

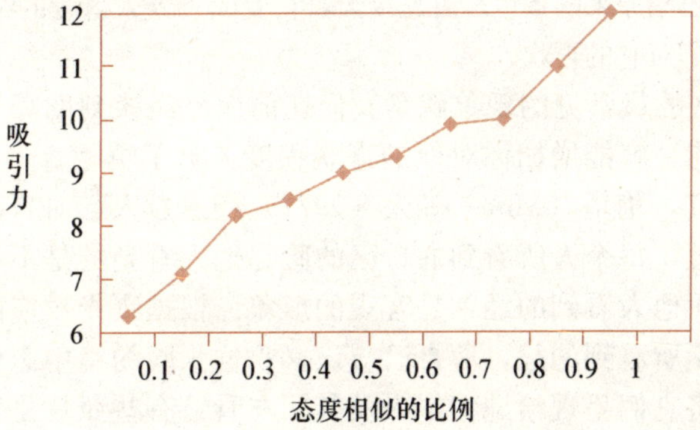

图 5－2　态度相似性与吸引力的关系

除了以上两个方面，外表相似性也影响人际吸引。在选择约会对象及婚姻方面，心理学家发现，人们往往倾向于选择与自己在长相上相似的异性做伴侣，伯奇德（Berscheid，1971）把这种倾向称为“匹配假设”。希尔（Hill，1976）对约会情侣的一项研究发现，这些情侣在年龄、智力、宗教信仰、外表吸引力，甚至身高上都很相似。在研究中，希尔还发现那些背景相似的情侣，一年以后分手的可能性也小。范戈尔德（Feingold，1988）认为之所以出现“匹配假设”，是因为人们认为与自己长相接近的人与自己有相同的社会交换价值。此外，鲁斯布特（Rusbult，2009）研究发现伴侣与自己理想自我的相似性在人际吸引中起着重要作用。

为什么相似性对人际吸引如此重要？费斯汀格（Festinger，1954）、戈瑟尔斯（Goethals，1986）用自我确认理论（self validation）来解释。他们认为，当情境不明确的时候，人们往往通过与他人的比较来确认自己。而选择那些在某些方面与自己相似的人交往，能使自我概念得以确认，与自己相似的人一般同意我们的主张，对我们的观点加以支持，使我们有信心。

海德的平衡理论在解释相似性的时候则认为，个体有强烈的欲望要维持自己对他人或事物态度的协调一致性，而这种一致性可以通过喜欢或不喜欢来达到：喜欢某个人，而同时与他在某个问题上有不同意见，将导致心理上的不愉快，因此人们通过喜欢那些支持自己意见的人，或反对与自己意见不同的人，使认知达到平衡。

（三）互补性

在恋爱与婚姻关系中，人们有时候喜欢与自己在某些方面相反的人。巴斯（Buss，1989）

对37个文化群体的研究发现，在异性关系中男性喜欢年轻的女性，而女性却喜欢老一点的男性，戴维斯（Davis，1990）把这种现象称作相貌换地位：男性喜欢年轻女性是因为她们漂亮，而女性喜欢老一点的男性是因为他们成熟且有地位。唐森德和利维（Townsend & Levy，1990）用实验支持了这一结论，他们确实发现在大学生中，一个男性只要有地位，他即使不漂亮也能吸引女性；而没有地位的女性只要长相好，她依然吸引男性。但这一效应反过来却不成立：女性用地位补偿长相或男性以长相弥补地位都不可能。这种互补性有时候也表现在交往双方的性格上，比如夫妻双方性格的互补性能使家庭生活更有意思。

（四）熟悉性

熟悉性也会对人际吸引起作用。以巴黎人对埃菲尔铁塔的看法为例，开始建造时人们非常愤怒，认为它破坏了巴黎原来的景色。可是今天，它变成了令人喜爱的纪念塔，成为巴黎的象征，是熟悉培养了人们对它的喜欢。

熟悉性导致喜欢的最常见的现象就是我们在前面已经谈到的曝光效应，某个人只要经常出现在你的眼前，就能增加你对他的喜欢程度。除了莫兰德（Moreland）和扎荣茨（Zajonc）等人的研究，梅塔（Mita）等人（1977）还通过人们对自己脸孔的反应说明了这种现象。我们知道，每个人所看到的自己的脸与他人看到的是不一样的，自己看到的经常是镜中的像，而他人看到的经常是客观的形象。根据曝光效应的假设，外人应该喜欢他们从平常的角度所看到的脸，而自己应该喜欢这张脸的镜中影像。梅塔拍了一些女学生的照片，然后将它们呈现给她们本人及其朋友看，有些照片是正常照片，有些则洗出它的负相（与镜中看到的相同）。结果本人更喜欢镜中的影像（对本人而言，68%的人喜欢镜中像），其他人更喜欢正常照片（对朋友而言，61%的人喜欢正常照片）。之所以如此，是因为人们自己经常看到的是镜子中的像，而他人看到的则是正像。当然，曝光效应也有限制：一开始对他人的态度是喜欢或至少是中性时，见得越多才越喜欢。如果一开始就讨厌对方，那么见得越多反而越讨厌。

熟悉性与喜欢的关系也被运用在政治生活中。随着选举制度的民主化，越来越多的政治家开始意识到政治广告的有效性问题。所以曝光效应经常被运用在政治广告中，许多候选人花大量的钱在广告上宣传自己，但这种出现率的增加能吸引人们为他投票吗？格鲁什（Grush，1978）认为，政治广告只有在以下情况下才有效：一是参选的人数众多，假如没有广告，选民很难辨别谁是谁；二是所有的候选人都有许多广告，如果你没有的话你便可能落选；三是一个候选人在此之前无名气，所以不会过度曝光。除此之外的其他情况下，得票数将受候选人知名度的影响。

熟悉性是如何起作用的呢？到目前为止确切原因还难以找到。伯恩斯坦（Bornstein，1989）用进化论的观点进行解释，他认为在进化过程中，人类经常以小心的方式去应付不熟悉的物体或情境，而这种针对不熟悉情境的谨慎又加强了我们的生物适应性。通过与这些环境不停地相互作用，给我们带来危险的不熟悉的事物逐渐为我们所适应，也就变得熟悉与安全了。随着戒心的解除和舒适性的上升，人们对该事物的正性情感也必然增加。也有一些人从其他方面解释熟悉性的影响，他们认为重复出现可以增加对某个人的再认识，这是开始喜欢的第一步，同时熟悉他人时对其行为的预测变得容易，熟悉性也引发了相似性。

（五）接近性

与他人住得近也是影响人际吸引的因素之一。怀特（Whyte）等对社区友谊模式的研究发现，人们所结成的友谊模式受到人们之间物理距离的影响，住得越近就越有可能成为朋友。接近性为什么能引起喜欢呢？首先，接近性能增加熟悉性，而越熟悉，喜欢的可能性就越大。其次，接近性也与相似性有关，在有选择的情况下，人们往往选择在某些方面与自己相似的人为邻居，比如教师愿意与教师住在一个社区里，而高收入阶层的人也选择同样的人为邻居。最后，从社会交换的观点看，物理距离上的接近性使得你更易获得来自他人的好处，他人可以随时来帮助你，与这样的人交往，你可以用较小的代价换取较多的好处。正是由于这些原因，使得物理距离上的接近性成为影响人际吸引的重要因素。

专栏：在生活中寻找接近性的痕迹

想知道时空接近能否解释谁会成为你的朋友吗？

首先，选择一个指定的物理空间，假如你是一名大学生，就选择你的寝室楼。粗略地画一个你寝室所在楼面的平面图，包括所有寝室门的位置、楼梯或电梯的位置、公共休息室的位置、起居室的位置等。在你的房间位置做一个记号。

其次，想想你在这层楼面上有哪些亲密的朋友，把他们的房间标记为1，然后，想想哪些是你的朋友，把他们的房间标记为2；最后，想想哪些是你的熟人——那些见面问个好或不时谈上几句的人，把他们的房间标记为3。现在考察在你地图上所标记的友谊模式。你的朋友是否在物理距离上集中在你的房间周围？标记为1或2的房间是否属于那些在物理距离上离你最近的房间？它们是否比那些标记为3的房间离你的房间更近一些？那些没有任何标记的房间又是什么样的情况——是否是离你的房间最远的那些房间？

最后，也考察一下你的时空接近效应图上有关功能性距离的问题。你寝室楼的建筑设计是否使得你更有可能和某一些寝室的同伴相遇？比如说公共休息室、厨房、起居室、楼梯或电梯以及信箱的位置，所有这些都可能在时空接近性和友谊建立上扮演重要的角色。你在来来回回的过程中，路过某些人的房间却不会经过另一些人的房间，那些在你必经之路上的房间的人是否是你最熟知的人？如果是的话，时空接近性就在决定你将会和哪些人建立友谊上扮演了非常重要的角色。

知识点2 亲密关系

学前思考

人际吸引是人际关系发展的前提和重要基础，在人际吸引的基础上，人们之间的关系会从一般性的关系发展到亲密关系。这些亲密关系对每一个人的生活都是必不可少的，下面我们就分析这些亲密关系。

学习重点

一、亲密关系概述

（一）亲密关系的定义

凯利（Kelly，1983）认为，关系是指两个人彼此能互相影响对方，并且互相依赖。也就是说，只有当两个人之间互相影响与依赖的时候，我们才能认定他们之间存在着关系。莱文格和斯诺克（Levinger & Snoek，1972）在这个解释的基础上提出了一个互赖模型，并用它来说明随着互赖关系的增加关系变化的特点。他们以两个人之间关系发展阶段为例，把人们之间的关系分为四种：一是两个人互相不知道对方的存在，彼此无任何关系，称为零接触（zero contact）；二是知晓（awareness），即一个人知道另一个人的信息，但未发生任何直接接触；三是表面接触（surface contact），即两个人开始互动，如借谈话或书信来往；四是共同关系（mutuality），即两个人的依赖程度增加。在共同关系中，当两个人的互赖性很大时，我们把这种关系称为亲密关系（close relationship）。亲密关系的特点有三个：一是两人有长时间频繁互动；二是在这种关系中包含着许多不同种类的活动或事件，共享很多共同的活动及兴趣；三是两个人相互影响力很大。

（二）亲密关系与自我概念

阿伦（Aron，1986）用自我延伸（self expansion）来解释人们之间的亲密关系。他发展了威廉·詹姆斯客体自我的概念，认为与他人建立亲密关系的实质是把他人融入了自我概念。

这种自我延伸有以下几个方面的证据：

第一方面的证据是归因过程中的行动者与观察者效应（actor observer effect），即人们倾向于把他人的行为归于内因，而把自己的行为归于外因的现象。尼斯贝特（Nisbett，1973）在研究亲密关系时发现，当他人是自己的好朋友时，这种差异并不出现。也就是说，人们在推论自己熟知的人的行为时所使用的方式与推论自己时一样。

第二方面的证据与资源分配有关。与对待一般人的方式相比，人们在分配资源时对自己和与自己关系亲密的人的区分要小得多。用阿伦（1991）的话来讲，就是由于人们的自我中包含了后者，因此在分配资源时不分你我。

第三方面的证据来自亲密关系中的共有关系（communal relationship）。一般情况下，交换关系在人们之间比较普遍，但克拉克（M. Clark，1979、1989）发现，在亲密关系中，人们对收益与付出并不关心，相反人们常常关心的是能够给对方提供什么。在亲密关系中，他人是自我的一部分，他人的需要也就是自己的需要。照料和情感表达会促进关系提升。

第四方面的证据来自马库斯（Markus，1977）的自我图式。阿伦（1991）通过比较陌生人、朋友以及夫妻的自我图式，发现在亲密关系中个体的自我中包含了他人，这一点在东方文化中更为明显。朱滢、张力等人（2001）有关中国人自我概念的研究也说明了这一点。

第五个方面的证据来自共有记忆（transactive memory）。瓦格纳（Wagnaer）等人

（1991）发现，关系亲密的人在编码、储存和提取信息方面有一个共通的记忆系统。

（三）亲密关系中的依恋

人类最初的亲密关系表现为父母与孩子之间的依恋，它是婴儿与父母之间的一种强烈的情绪联系。发展心理学家约翰·鲍比（J. Bowlby）把这种情绪联系看成人类与生俱来的特征，他认为婴儿对父母的依恋是他们生存的首要条件。哈洛（Harlow，1974）对灵长类动物的研究也证实了这一观点，所以许多心理学家把依恋看成人类的本能行为。

安斯沃斯（M. Ainsworth，1989）对人类的依恋关系做了进一步研究，并把依恋关系分为以下三种类型：

第一种是安全型。大多数父母对孩子的欢乐、悲伤以及要求等方面的信息很敏感，这种情感促使他们关爱孩子，从而使得父母与孩子之间的关系更加亲密，互相喜爱、重视，孩子不会产生被抛弃的感觉。

第二种是逃避型。与安全型相反，逃避型的父母经常远离孩子，逃避与孩子建立亲密关系，在这种情况下孩子也学会了逃避与父母接触，抑制自己的依恋需要。

第三种是焦虑/矛盾型。父母对孩子的情感经常不一致，有时候很关心，有时候却不感兴趣。由于这种不一致性的爱，使得焦虑/矛盾型的孩子在自己的情感没有得到回报时显得暴躁和焦虑。

在生活的早期，这些不同的依恋形式对孩子的成长有着重要的影响，因为它可能决定着孩子的生活风格和以后的人际取向。

在心理学家看来，人们在婴儿期和儿童时期学会的特定依恋方式成为我们描述自己与他人关系的图式。这些图式通常会伴随我们一生，并扩展到我们与其他人的关系之中。

为了了解不同的依恋类型如何影响成人间的亲密关系，哈珊（C. Hazan）等人（1987）设计了一个爱情小测验，并把它刊登在报纸上，在测验中除了询问人们的浪漫关系之外，还让人们选出自己的依恋形式。结果证明：安全型的人很容易接近，并期望与他人发展亲密关系；逃避型的人不易与他人形成亲密关系，他们不信任他人；焦虑/矛盾型的人也对自己的亲密关系不满，但与逃避型不同的是他们对自己的伴侣很着迷。这项调查研究还得出了这三种依恋在成人中的比例：安全型占56%，逃避型占25%，焦虑/矛盾型占19%。

其他的研究者也基本上证实了上述结论，发现具有安全型依恋方式的个体有着最持久的浪漫关系，他们体验到最高程度的责任感和满意程度；具有焦虑/矛盾依恋方式的个体浪漫关系持续的时间最短，他们最容易开始一段浪漫关系，但如果他们的爱得不到相同程度的回应，他们会很沮丧和愤怒；回避型的个体最不可能开始一段浪漫关系，并且最可能出现从未坠入情网的情况，他们在人际关系中保持着距离，对关系的责任感最低。考克斯和阿尔恩特（Cox & Arndt，2008）对成年人的依恋方式在恐惧管理中的作用进行了研究。研究发现，不安全型依恋的个体在遭遇恐怖事件后倾向于依赖父母，而安全型依恋的个体更倾向于依赖自己的爱人。

但依恋方式并不是一生不变的。芬尼和诺勒（Feeney & Noller，1996）、柯克帕特里克和哈珊（Kirkpatrick & Hazan，1994）等人的追踪研究发现：25%～30%的人改变了最初的依恋方式。他们发现这些人在亲密关系中的体验可以帮助他们学习新的和更健康的与人交往的方式，这些方式与他们在幼年时期所学到的方式大相径庭。鲍德温和费尔（Baldwin & Fehr，1995）

指出，在任何一段时间内，人们所表现出的依恋方式与他们伴侣的行为有着密切的关系。从某种意义上来看，对依恋和成人关系的研究是很有价值的，这些研究支持了这样一种论断：人们和父母之间关系的类型可能会影响人们成年时期与他人的关系。

二、自我展露与亲密关系的发展

（一）友谊关系

伴随着成长，人们的社会关系范围也在不断地扩大，从家庭延伸到了社会，朋友成了亲密关系中不可缺少的一部分。怀特（P. Wright，1984）把朋友关系分为两个层次：表面朋友（superficial friendship）和深层朋友（developed friendship）。前者的形成和保持完全是因为这种关系的酬赏作用，后者除了酬赏之外还包括相互关心。海斯（Hays，1985）指出，人们从开始交这两种朋友时就表现得截然不同。与表面朋友的交往模式为：随着时间推移，接触越来越少；而与深层朋友的交往模式是一开始见面很多，然后接触慢慢地减少。另外，要想交深层朋友，感情投入是最根本的，而不仅仅是一般性的接触。

心理学家还发现在交友问题上，男性与女性存在着很大的差异，表现如下：

（1）男孩子与女孩子在交友时的方式不同。心理学家埃德（Eder，1978）在一项儿童友谊关系的长期研究中发现，男孩子通过玩耍交朋友时往往是一群人一起玩，而女孩子是一对一对地玩；对成年人来说，男性之间的关系发展往往取决于他们是否参加了共同的活动，如一起踢足球等；而成年女性要想成为朋友，一起聊聊天就有可能。怀特（1982）把男性交友的倾向称为面对面（face to face）方式，而把成年女性交友的方式称为肩并肩（side by side）方式。

（2）情感在男女友谊关系中的作用不同。随着年龄的增长，情感在男性与女性关系中的地位出现了差异，比如在同性亲密关系中，女性的友谊关系由于有更多共同情感的参与，所以比男性的更亲密。但是在与异性发展关系时，这些差异并不明显。

（3）男性与女性在亲密关系中身体接触的程度也不同，尤其是在同性的亲密关系中。在一项研究中，研究者（Derlrga，1989）让被试表演自己在机场迎接自己的朋友或是异性伴侣，结果发现情侣的身体接触最大；而男性朋友之间用身体接触迎接的概率小于女性和异性之间。进一步的研究发现，男性之所以不愿意有身体接触，是因为他们把身体接触理解为一种与性有关的欲望。

（二）自我展露

尽管有许多方法可以用来与他人发展亲密关系，但在心理学家看来，自我展露（self disclosure）无疑是最常用也最有效的方法。

自我展露是指个体把有关自己个人的信息告诉给他人，与他人共享自己内心的感受和信息。在许多心理学家看来，一个人是否有适当的自我展露是其人格健康的重要标志。菲茨帕特里克（Fitzpatrick，1987）指出，如果一个人在与他人交往时缺乏这种自我展露，他便难以与他人建立起有意义的联系，他也会感受到更多的寂寞。

为什么自我展露能够促进人际关系的发展呢？阿特曼（Altman，1973）用社会渗透理论（social penetration theory）来说明自我展露在发展友谊等亲密关系上的作用。按照这一理论，人们之间亲密关系的发展与人际交往中沟通的水平有关，随着话题由浅入深，人们之间的关系也由一般向亲密转化。刚见面时，人们谈论的往往是一些非个人化的话题，如天气、体育运动以及流行文化等；如果这些表面的交谈得到了回应，人们就会深化这种社会交换，这时候话题进一步拓宽，双方交流一些更个人化、更敏感的信息。在人们讨论的话题由窄到宽、由浅到深的过程中，人们之间亲密关系的层次也增加了。从某种意义上讲，正是这种渗透式的自我展露，才使人们避免了由于展露太快或太慢而引起的消极反应。

社会渗透理论还指出，与他人刚认识时，人们在自我展露的时候遵守相互性规范（self disclosure reciprocity），即自己的展露水平与他人的展露水平相对应，他人的展露水平高时自己的也高，他人的展露水平低时自己的也低（Cunningham，1986）。卡普兰（Kaplan，1974）认为自我展露中的这种相对性规范对人际关系的建立与发展极为重要，如果一个人忽视这种逐渐式的过程，一下子向他人展露太多有关自我的信息，会使他人害怕和退缩，从而给人际关系的建立和发展造成障碍。

除了对增进人际亲密关系有用，自我展露也有疏远与他人关系的作用。心理学家发现，当亲密关系出现问题的时候，一些人可以通过控制个人展露的深度和广度而从这种关系中退出。也有一些人会通过减少讨论的话题，增加自我展露的深度来达到退出的目的。在后一种情况下，人们展露的往往是责备和伤害他人的负性情感。

（三）自我展露的文化差异

研究表明，人们的自我展露倾向受文化的影响很大。

首先，从展露的范围上讲，巴恩罗德（Barnlund，1975）与丁托米（Ting Toomey，1991）等人发现美国人倾向于在一个广阔的社会情境中展示自我，而来自集体主义文化的中国人和日本人自我展露的范围则非常有限。有人认为这种差异反映了美国人比中国人和日本人拥有更多的亲密关系，但是这仅仅是源于美国个人主义取向的论断。特里安迪斯（Triandis，1989）和普拉特（Pratt，1991）在解释这种差异的时候，把它与美国个人主义渴求独特需求联系起来。他们认为美国人喜欢自我展露，是因为他们想要通过自我展露表明自己的与众不同，而东方人不喜欢自我展露，是因为他们不想被他人认为与众不同。

其次，东西方文化中自我展露的差异也表现在交流方式上。在西方文化中，良好的社会表达是一个人能力的体现，而在东方文化中，如中国、日本和韩国，人们对那些说得好的人并不喜欢，事实上那些不爱表达的人反而被认为是诚实可信的（Kang，1983）。在这样的文化背景之下，展露自己的愿望和恐惧等都被认为是不适当的，正如我们平常所信奉的：深藏不露的人才有真本事。

专栏：自我展露的性别差异

一般的刻板印象将男性形容为“沉默型”，总是将感情隐于内心，而将女性形容为“长舌妇”，经常毫不犹豫地向他人透露心底的话。实际如何呢？科兹比（Cozby，1973）指出，同性关系里，女性与女性之间的展露水平高于男性与男性之间；成年后女性比男性更容易有亲密的同性知己，并且彼此共享私人秘密。

在通过何种方式进行自我展露这个问题上，考德威尔和佩普劳（Caldwell & Peplau，

1982）发现，大部分女性乐于和自己的女性朋友“纯聊天”，并认为聊天有助于她们之间发展关系；与女性相反，男性则强调与同性朋友有共同的活动。然而在异性关系里，性别差异并不明显。一般来说，夫妻间的自我展露水平比其他人高，丈夫与妻子的展露水平大致相等。自我展露的水平随时代的发展而呈现提高的趋势。现在的年轻人比他们父辈的自我展露水平高。

从内容上讲，尽管男性与女性自我展露的程度相等，但所展露的个人信息的内容不同。哈克（Hacker，1981）发现，女性经常展露自己柔弱的一面，而对自己较强的能力则缄口不言；男性则相反，经常宣扬自己较强的一面，而隐藏较弱的一面。其他人还发现，男性所展露的大多是“男性化”主题，如什么时候自己有过攻击性行为或冒险行为；女性所展露的则多为“女性化”主题，如什么时候觉得自己很像小孩等。

罗森菲尔德（Rosenfiled，1979）还研究了人们为什么有时候会尽量避免自我展露的问题，他发现对男女双方而言，都担心将自己不希望投射出去的形象无意间投射出去，男性还担心由于透露太多而失去对他人的控制力量，而女性则唯恐自己透露的信息被人利用而对自己不利，并且会破坏彼此间的关系。

三、亲密关系的维持

当友谊和爱情等亲密关系建立起来之后，人们总是期待这种关系能够长久维持。但实际上，维持这种关系需要双方付出很多的努力。为了使亲密关系让双方满意，需要从以下几个方面入手。

（一）平等

平等是亲密关系维持的重要条件之一。按照公平理论，在任何形式的人际关系中，人们的付出应该与其收益成正比。比如在爱情与婚姻等亲密关系中，人们并不是以最小的付出换取最大的收益，而是追求一种大致的平等，即付出多少和得到多少大体相当。在家庭生活中，家务劳动的分配不均很容易造成夫妻双方的不平等的感觉，因此，干活多的人更有发言权就体现了这种公平，如果夫妻双方之一在家里啥都不干，还要对对方指手画脚，那么这种关系就比较容易出现问题。

（二）归因

决定人们对亲密关系是否满意的另一个因素是人们对事件的解释方式。布拉德伯里（Bradbury）等人（1990）发现，幸福的夫妻经常做强化对方式的归因，即把对方良好的行为归结为对方的内在原因，而把对方不好的行为归结到情境中去。相反，不幸福的夫妻经常做抑郁式归因，把对方良好的行为看成幸运，而把其不好的行为归于人格特质。

（三）沟通

除了由不平等诱发的紧张和消极的归因倾向，夫妻或其他形式的亲密关系出现问题的另一个原因就是缺乏沟通。哈尔福德（Halford）等人（1990）发现，走向破裂的夫妻经常不能或不愿意向对方表达负性的情绪，即懒得与对方沟通。在一项长达四年的夫妻关系研究中，戈特曼和莱文森（J. Gottman & R. Levenson，1992）发现，在最终破裂的婚姻中，夫妻双方往往忽视对方的情感需求和负面情绪，并且对对方的关怀置之不理，无法形成积极的沟通渠道。双方在交往的时候往往陷入消极交互作用圈中，双方积极的行为被忽略，而消极的行为被夸大。

幸福的夫妻常常也通过与对方争论来理解对方的观点，心理学家戴维斯（1987）把这种心理状态称作摆观点，它对维持健康的关系极为重要。在争论中，女性比男性在摆观点、情绪敏感性以及自我展露等方面更为投入。也正是由于这些争论，使得夫妻双方更为了解对方，这种关系也就会更持久。

（四）嫉妒

胡布卡（Hupka，1991）认为嫉妒是指当与个体自我概念有关的重要关系受到真实的或想象的威胁时，个体产生的一种消极的情绪反应。嫉妒涉及的范围很广，包括对他人的地位、工作、爱好、女友或男友，甚至穿衣打扮。在亲密关系中，嫉妒一方面是浪漫爱情健康的标志，它实际上反映了个体对这种关系的依赖性；另一方面，嫉妒也常常引发消极的情绪和行为，当这些消极情绪积累起来的时候，有时候会引发很可怕的事情。

尽管嫉妒具有消极的一面，但在爱情关系中，有时候一方故意引发对方的嫉妒心理。比如怀特（White，1980）通过调查发现，1/3 的女大学生和 1/5 的男大学生会向自己的伴侣炫耀自己以前的情人，以激起对方的嫉妒，从而使他们之间的关系更加密切。在恋爱关系中，嫉妒倾向高的人往往是感情投入大的一方。许多情况下，这种嫉妒的结果是使双方关系受到损害，无助于两个人关系的增进。

为了帮助人们控制自己的嫉妒心理，有两位学者（G. White & T. Helbick，1988）开发出了一个针对夫妻的嫉妒控制训练程序，该程序需要两天时间。它的目标有五个：一是通过教育让夫妻双方明白嫉妒的原因和结果；二是帮助夫妻双方提高他们的沟通与协商技巧；三是帮助双方认识和评价解决冲突的有效方法；四是帮助夫妻双方设计更有建设性的应对策略；五是引导双方寻求咨询帮助。

四、亲密关系的终结

1971 年，一个小伙子给自己的新娘写了一首情诗，然后把它塞进瓶子并扔到了西雅图和夏威夷之间的太平洋海域。小伙子在信里写道：

> 这封信可能要花上一周，
> 甚至几年的时间才能到你手里，
> 也许它永远都不能到你手中，
> 但我仍然会铭记于心，
> 我会不顾一切地去证明我对你的爱。
> 当你看到这封信的时候，
> 我可能已经是白发苍苍的老人了，
> 但我相信我们的爱情仍然会像现在一样鲜活。
>
> ——你的丈夫，鲍伯

10年后，有人在关岛附近海岸慢跑时发现了这首装在瓶子里的情诗，他通过电话找到了那位十年前的新娘。当他把情书的内容读给她听时，她竟然大笑起来，而且越听笑得越厉害。最后，她只说了一句“我们已经离婚了”就挂断了电话。

尽管人们喜欢与他人建立并维持亲密关系，但如同上述故事一样，实际上并非所有的亲密关系都有一个圆满结局，在我们的周围有许多亲密关系在不同的发展阶段破裂。

（一）对待不满的策略

当人们之间的亲密关系失去其价值的时候，人们往往采取四种策略，这四种策略与人们对这种关系的满意度与承诺水平有关，满意感越高、承诺越大，则这种关系越难以终止。这四种策略分别如下。

1. 真诚（loyalty）

该策略表现为被动地去弥补出现的裂痕。采用这种策略的人由于害怕对方的拒绝行为，所以很少说话，往往是耐心等待、祈求，希望自己的真诚能使对方回心转意。

2. 忽视（neglect）

这是许多男性经常采用的一种消极策略，他们会故意忽略对方，与对方在一起的时候经常在一些与所探讨问题无关的话题上挑剔对方，这种策略经常被那些不知如何处理自己的消极情绪，或不想改善但也不想终止这种关系的人所使用。

3. 退出（exit）

当人们认为没有必要挽回这种关系的时候，人们常常采用这种策略。它是一种主动的、破坏性的策略。

4. 表达（voice）

该策略是指双方讨论所遇到的问题、寻求妥协并尽力维持亲密关系，这是一种主动的、建设性的策略。

戈特利布和考尔比（Gotlib & Colby，1988）向那些关系出现问题的人提出了争吵时应该注意的事项，他们把这样的争吵分为破坏性争吵（destructive quarrels）和好争吵（good quarrels），并指出争吵的时候做到以下方面：

不要：一味道歉，不分谁对谁错；对所争吵的问题沉默或置之不理；假借他人之口贬低对方；引出与争吵无关的问题；为了和谐而违心同意对方的观点；间接批评或攻击对方的长处；威胁对方将会遇到意外麻烦。

而是要：私下吵架，不要让孩子听到；弄清楚所争吵的事情，就事论事；表达出你积极或消极的情绪；说出你同意什么，反对什么；提出一些能够使对方表达关心的问题；等待自然和解，而不要妥协；提出一些能够增进双方关系的积极建议。

（二）关系破裂造成的情感伤痛

亲密关系的破裂往往会给双方造成情感上的伤害，心理学家发现在这种情况出现的时候，女性可能比男性更希望赶快终止与异性的关系。对男女双方来说，当爱与友情一旦成为往事的时候，他们都要经历情感上的伤痛。

那么，当亲密关系破裂的时候，对哪一方的伤害更大呢？心理学研究发现，在关系结束时是谁先提出来这项因素，对伤痛程度有影响。希尔（Hill）等人（1976）发现，先提出结束关系的一方痛苦少一些，这种效应在男性身上表现得更为明显（Helgeson，1994）。罗宾·埃克特（Robin Akert）对344名男女大学生进行的问卷调查发现：在预测大学生的分手体验时，个体在分手决策中扮演的角色是最重要的预测变量。他询问大学生伴侣在结束关系的决策中所担负的责任程度，把大学生分为三类：终结者——表示自己在分手决策中承担更多责任，是主动提出者；承受者——表示自己在分手决策中承担责任较小，是被动接受者；共谋者——表示双方承担责任相等，双方的影响一样。结果表明：承受者的感觉非常糟糕——他们有高度的孤独感、抑郁感、不快、愤怒，并且几乎所有的承受者都报告说，他们在分手后的几周内体验到各种各样的躯体症状。而对终结者来说，分手后的沮丧程度、痛苦程度和能够引发焦虑的程度都是三组中最低的。尽管终结者报告说自己感觉内疚和不快乐，但他们体验到的头痛、胃痛以及进食和睡眠障碍等负性躯体症状是最少的。

心理学研究还发现，恋爱关系中如果遭到拒绝的话，男性比女性更容易紧张和痛苦。对此的解释有两个：第一，从传统性别角色的角度讲，男性被看成控制和权力的中心，因此当这种关系破裂的主动权被女性控制的时候，男性会体验到较高的对自尊的威胁和情绪紧张。第二，由于男性在恋爱中往往只对一个人专一，把所有的鸡蛋放在了一个篮子中，当这个篮子被打破的时候受的损失与伤害更大。

既然关系破裂必然伴随着伤害，为了应付这种伤害，男性和女性经常用自我安慰的话语来平息自己的伤痛，比如他们经常说“我总算摆脱那个恶魔了”等。有时候人们还会借助体力活动来分散自己的注意力，女性还经常会通过哭泣、把事情告诉朋友、读书以及咨询等方式缓解由此带来的压力。

（三）利用社会支持

社会支持（social support）是指人们感受到的来自他人的关心和支持。社会支持的来源不仅包括家人、朋友、同事等，也可能来自与我们关系一般的其他人，甚至陌生人，而支持的形式既可能是情绪上的，也可能是物质援助。当恋爱等亲密关系破裂的时候，人们也经常通过寻求社会支持来减轻压力。心理学家戈尔（Gore，1984）和托伊特（Thoits，1982）认为当人们失去亲密关系的时候，家庭和朋友的社会支持往往会成为其应付紧张的缓冲器。

社会支持在我们的生活中有着重要的影响。我们知道，人们总是要生活在一定的社会关系网络之中，这种网络给我们提供所有必需的东西。伯克曼（Berkman，1990）研究了社会支持对老年人生活的影响，他从三个方面区分了老年人的社会关系情况：一是社会支持网络的结构与成分；二是通过该网络所能提供的社会支持的形式与数量；三是老年人对社会支持的知觉满意度。结果三个维度的评价都证实社会支持对老年人的生活与人格健康有积极的作用，老年人受到的社会支持越多，他们的身心健康状况就越好。梅里（Mery）等人（1990）从生理的角度探讨了社会支持对免疫功能和应激行为的影响，发现社会支持在压力、应激源及应激行为之间起着缓冲作用，社会支持通过减轻压力和应激而对免疫功能产生影响。伊丽莎白（Elizabeth）还证明社会支持对抑郁症有影响：来自病友的社会支持可以解释37%的抑郁变异，而社会与经济压力只能解释其中的13%。社会支持也影响青少年的心理与行为，来自父母的支持对青少年的健康成长是必需的。肯尼思（Keneth）对比了即将升入大学的与被学校开除的高中生生活情况，发现他们的亲社会行为与来自父母和朋友的社会支持有关。

索萨（Sosa）等人（1980）关于社会支持对产妇影响的研究被看成是这方面研究的典

型代表。这项研究是在美国瓜特马拉的一所医院的妇产科进行的。在研究中，研究者把将要生产的产妇随机分成两组：实验组和控制组。其中实验组有 33 人，控制组有 103 人。在实验组的被试进入产房以后，在她们的旁边坐着一名不懂医术的妇女，她的任务是向产妇提供社会支持，具体方式是与产妇谈话或者抚摸产妇；而控制组的产妇只接受来自医生的检查，比如量血压、测脉搏等。实验的因变量有两个：一是产妇生产所需要的时间；二是产后的母婴关系。结果令人震惊：实验组的产妇生孩子平均花了 8.8 小时，而控制组的产妇平均花了 19.3 小时，并且实验组的产妇在产后大多数很清醒，常常微笑着对自己的孩子说话，只有约 37%的人有一些抱怨，而控制组抱怨的比例高达 79%。

随着生活节奏的加快和社会观念的变迁，社会支持对我们的生活的影响也将越来越大。为了保证自己的心理和生理健康，我们有必要去寻求和利用生活中的种种支持。

专栏：没有约会的婚姻

尼泊尔有一个小山村，这里的年轻男女和世界上所有其他地方的同龄人一样，拥有同样的希望和目标——找到属于自己的爱人并与之共度一生。但是他们通往结婚殿堂的道路却和以美国为代表的西方国家的人们有着惊人的差异。在这里约会是被禁止的，甚至连年轻男女的普通见面也被认为是不恰当的。根据传统，一个人未来的配偶是由父母决定的，父母往往是从候选对象的社会背景——家庭、社会地位和经济来源等方面考虑。在这些被安排的婚姻里，新娘和新郎通常是在结婚当天才和对方第一次交谈，在婚礼庆典上新娘号啕大哭和新郎不知所措及无可奈何是很常见的。这一切看上去是一个不幸的开始，但是许多这样的结合最后却是成功的。与西方国家相比，这里的离婚率最低，尽管在这里新娘的地位非常低，但这并不能说明她们不幸福。

社会心理学家注意到，对个人主义社会而言，浪漫的爱情在婚姻中十分重要，甚至是不可或缺的基础。但它在集体主义社会则没有如此重要的地位。在个人主义社会里，浪漫的爱情是令人兴奋的、高度个人化的经历。个体将完全沉浸在和新伴侣的关系中，一时间忽略了朋友和家庭。而谁将成为自己的另一半、和谁结婚这样的决定更是被视为个人的事情。相比之下，在集体主义社会里，恋爱的个体必须充分考虑到家庭和群体中其他成员的意愿，这种意愿有时是接受一桩被安排的婚姻。

不过，西方人寻找伴侣的方式已经渗透到集体主义社会之中，且媒体的描述的确起了作用。比如在尼泊尔，未婚夫妇相互给对方写信，从而在婚礼举行之前增进彼此的了解。在这些信中，未婚夫妇并不是像西方人那样交流浪漫的爱情；相反，他们会讨论一些严肃的、指向他们未来共同生活的经济方面的话题，以及使对方相信自己是忠诚和值得信赖的话题。

旅居英国的印度人、巴基斯坦人和在家乡的同胞一样，将婚姻看成家族的联姻，而非两个人的事情。年轻的印度妇女不会认为婚姻的基础是爱情，而认为婚姻是建立在相同或相似教育背景、收入、家庭出身、宗教信仰和性格上的。

然而现代的求爱手段，包括“快速约会”，都在改变着传统的约会方式。快速约会包括一些适龄男女在一个公共场合彼此交谈几分钟，有些人在快速约会中遇到了自己钟情的伴侣。尽管这种形式在个人主义文化的社会中也存在，但是它在集体主义社会产生了更深远的派生形式。在这种求婚模式下，尽管求婚者在一开始扮演着重要的角色，但最终还是由双方的家庭来决定。因此即使是像恋爱这样一些人类的基本活动，也能反映出社会心理学中环境的作用。

知识点3 爱 情

学前思考

在学习本节的内容之前，我们先一起来欣赏一首关于爱情的唯美的诗：

我如果爱你，
绝不像攀援的凌霄花，
借你的高枝炫耀自己；
我如果爱你，
绝不学痴情的鸟儿，
为绿荫重复单调的歌曲；
也不止像泉源，
常年送来清凉的慰藉；
也不止像险峰，
增加你的高度，
衬托你的威仪。
甚至日光。
甚至春雨。
不，
这些都还不够！
我必须是你近旁的一株木棉，
作为树的形象和你站在一起。
根，
紧握在地下，
叶，
相触在云里。
每一阵风过，
我们都互相致意，
但没有人，
听懂我们的言语。
你有你的铜枝铁干，
像刀，像剑，也像戟；
我有我红硕的花朵，
像沉重的叹息，

又像英勇的火炬，
我们分担寒潮、风雷、霹雳；
我们共享雾霭、流岚、虹霓。
仿佛永远分离，
却又终身相依。
这才是伟大的爱情，
坚贞就在这里：
爱——
不仅爱你伟岸的身躯，
也爱你坚持的位置，
足下的土地。

欣赏了这首美丽的诗之后，你对于爱情有什么样的想法？本诗中的爱情是什么样的爱情？请与周围的朋友讨论交流。

学习重点

一、爱情的基本概念

对美好爱情的追求是人类永恒的理想。有一首用诗改编的流行歌曲就唱到了爱情的神奇：

那一日，闭目在经殿香雾中，蓦然听见是你诵经中的真言；
那一夜，摇动啊所有的经筒，不为超度只为触摸你的指尖；
那一年，磕长头匍匐在山路，不为觐见只为贴着你的温暖；
那一世，转山啊转水转佛塔，不为来世只为途中与你相见；
…………

早在20世纪中期，心理学家罗洛·梅在他的《爱与意志》中就从心理学的角度对人类的爱情进行了分析。他指出：爱情是一种奉献，而不是一种索取，它是主动的情感，而不是被动地接受。在他看来，人类的爱情包含着四个要素：关心、责任、尊重和理解。

真正对爱情进行学术研究却是从鲁宾（Rubin）等人的工作开始的。在鲁宾看来，爱情是一个人对另外一个人的某种特殊的想法与态度，它是亲密关系的最深层次，它不仅包括审美、激情等心理因素，还包含生理激起与共同生活愿望等复杂的因素。

心理学家提出了不少关于爱情的理论，其中最有影响的关于爱情的理论是斯腾伯格（Sternberg，1988）提出的三元理论。斯腾伯格认为爱情由以下三个成分构成：一是激情（passion），它指情绪上的着迷，它是动机性的。激情与生理唤起有关，有些和性有关，有些则源于需要和个性特征。二是亲密（intimacy），它指心理上的喜欢的感觉，要和对方加强联系，包括善待对方和给予支持等，它是情绪性的。三是承诺（commitment），指自己愿意投身于所爱的人，保持并主动维持这份感情，代表一种态度。其中激情、亲密、承诺指心里或口头的预期。这三种成分的组合构成了以下7种爱情形式：

（1）喜欢式爱情（liking）：主要是亲密，没有激情和承诺，如友谊关系。

（2）迷恋式爱情（infatuated love）：主要是激情，没有亲密和承诺，如初恋。

（3）空洞式爱情（empty love）：以承诺为主，缺乏亲密和激情，如纯粹为了结婚的爱情。

（4）浪漫式爱情（romantic love）：有激情和亲密，没有承诺。

（5）伴侣式爱情（companionate love）：有亲密和承诺，没有激情。

（6）愚蠢式爱情（fatuous love）：有激情和承诺，没有亲密，如一见钟情。

（7）完美式爱情（consummate love）：激情、承诺和亲密俱有。

关于爱情的另外一种理论是哈珊（Hazan，1987）提出的依恋过程理论。哈珊认为，人类的爱情和自身的依恋过程有关，我们早期对父母的依恋决定了后来对成人关系的期望与评价，人类的亲密关系取向具有相似性和持续性，爱情中的依恋是幼年期对父母依恋的持续，二者没有本质上的区别。

二、爱情的分类与测量

（一）爱情的分类

有两位学者（Lasswell & Robsenz，1980）通过研究，对爱情进行了分类，找出了以下六种形式的爱情：

（1）浪漫式爱情（romantic love）：爱是强烈的情绪体验，最典型的是一见钟情，外表吸引力是此类爱情的必要条件。

（2）占有式爱情（possessive love）：对爱人有一份狂爱，容易嫉妒，完全被对方迷住。

（3）好朋友式爱情（best friend’s love）：经由友谊、共同爱好及逐步自我展露而慢慢成长起来的令人愉快的亲密关系。

（4）实用式爱情（pragmatic love）：彼此都感到合适，并能满足对方的基本需求，追求满足而非刺激。

（5）利他式爱情（altruistic love）：强调爱情中无条件的关怀、付出及对对方的谅解。

（6）游戏式爱情（game playing love）：玩弄感情就像玩游戏一样。

沃尔斯特选取了这六种形式的某些成分，构成了人们常说的两种爱情形式：狂热式爱情与伴侣式爱情。前者的表现就是一见钟情，难以自拔，当得到对方的回报时体验到了极度的快乐。在这种爱情中，有两方面的因素很重要：一是情绪扮演着重要的角色，人们常被激情控制了头脑，对他人毫无抵抗力；二是有先入为主的成见，被他人迷惑，将对方理想化。伴侣式的爱情则比较实际，它强调信任、关怀和对对方缺点的容忍，温暖和情感是它的特色。

狂热式爱情和伴侣式爱情代表了两种完全不同的爱情体验，当两个人建立起某种相互满足的关系以后，伴侣式的爱情便慢慢地成长。在平等的人际关系中，伴侣式的爱情比较普遍。

哈克夫（Hatkoff，1979）还指出了爱情中存在性别差异：男性喜欢浪漫式爱情（一见钟情）与游戏式爱情（追求女性的快感）；女性喜欢好朋友式爱情与实用式爱情。对这种差异的解释与社会及经济背景有关：当男人结婚的时候，他是在选择一位同伴及合作者，而女性则是在选择同伴和生活支柱。

（二）爱情的测量

鲁宾最早开始对爱情进行科学的测量，他编制的爱情量表主要测量了伴侣式爱情的以下三个主题：

（1）依恋：指需要及渴望对方的感受，比如其中一个项目为“我没有办法离开对方而独处”。

（2）关怀：即尽自己最大的努力使对方幸福以及满足对方的需求，其中有“我愿意为对方做任何事情”等项目。

（3）信任及自我展露：即愿意把自己的一切告诉对方，愿意与对方共享。

鲁宾还区分了爱情和友情的差别。他认为在爱情量表的三种成分中，判断某人是否在恋爱时，信任是最不重要的因素，而在评定“友情”时，信任则是最重要的因素。

除了鲁宾的工作，加拿大的社会学家李（Lee，1988）等人也提出了一个爱情量表。他认为爱包含三种基本形式：激情、游戏和友谊。它们分别对应于颜色中的红色、黄色和蓝色。Lee 认为这些颜色可以构成爱情的次级形式：

（1）实用式的爱情（pragma）：包含游戏和友谊的成分。

（2）占有式的爱情（mania）：包含激情和游戏的成分。

（3）利他式的爱情（agape）：包含激情和友谊的成分。

专栏：爱情成分测量

仔细阅读 Lee 测量六种爱情成分的题目，看看你的爱情属于哪一种形式：

（1）激情式：

我和我的爱人一见钟情。

我们的爱情强烈且令人满意。

我爱人的长相很漂亮。

（2）游戏式：

我不能保证对爱人的承诺。

有时候我会同时与两个人保持关系，以便从中选择适合我的人。

我喜欢与不同的伴侣玩爱情游戏。

（3）友谊式：

随着时间的推移，我们由朋友变成恋人。

爱情实际上是一种深层的亲密关系，不是神秘的情绪。

最令我满意的爱情是从好朋友发展而来的。

（4）实用式：

在向对方做出承诺之前，我已经做了仔细的考虑。

在选择爱人之前，我会尽量对自己的生活加以计划。

在选择恋爱对象的时候，我会考虑其是否与我家人的要求相符。

(5) 占有式：

恋爱使我很兴奋，有时候都睡不着。

一旦坠入爱河，我在干其他事情的时候注意力难以集中。

如果我的爱人忽略了我，我常常会干一些傻事来引起其注意。

(6) 利他式：

我宁可自己受罪，也不愿我的爱人受苦。

除非爱人幸福，否则我就不会幸福。

为了爱人，我愿意忍受一切痛苦。

三、爱情行为与感受

为了了解人们在恋爱时的行为，斯文森（Swensen，1972）通过询问不同年龄的人，找出了与爱情有关的 7 种行为：

(1) 对爱情的口头描述，如说“我爱你”。

(2) 自我展露，把自己的秘密和感受告诉对方。

(3) 无形的爱情表征，比如对对方的活动表示兴趣、尊重对方的意见并鼓励对方。

(4) 以非语言方式表达感情，当对方出现时感到轻松和快乐，尽管与对方并无直接交往。

(5) 有形的爱情表征，如送礼物给对方或帮对方做一些事情。

(6) 以身体行为表达爱情，如拥抱或接吻。

(7) 表示愿意容忍对方，并愿意牺牲一切以维持这种关系。

从恋爱时的感受来讲，爱情与友情的最主要的区别是生理上的反应。卡宁（Kanin，1970）让 679 位大学生评定自己在恋爱中的感受及强度，结果发现：79%的人有强烈的幸福感，37%的人注意力难以集中，29%的人有飘飘然的感觉，22%的人希望自己狂奔、大叫，22%的人在约会前感到紧张，20%的人在恋爱时有陶醉感，20%的人有双手冰冷等生理反应。

爱情行为与感受还与性因素有关。满意的性生活是浪漫爱情的重要基础。辛普森（Simpson，1987）发现，性生活是爱情关系发展的一个强化剂，有性关系的恋爱要比没有性关系的恋爱持续时间长。而布卢姆斯坦（Blumstein，1990）则指出，随着关系的发展，人们性生活的频率会逐渐下降。霍华德和道斯（Howard & Dawes，1976）用交换理论来解释爱情生活中的满意感，给出了一个公式：恋爱关系中的幸福感＝性生活的频率－吵架的频率。可见，在恋爱关系中，性生活越频繁，吵架越少，满意感就越高。

四、文化与爱情

尽管爱是人类共有的情绪，但我们体验它的方式以及我们对亲密关系的期望都是和文化联系在一起的。我们总是倾向于认为大多数人会和自己拥有相同的感受和想法。比如，一般我们会认为爱情是婚姻的前提，事实上在大部分的文化背景中是这样的。一项对166种文化的分析显示，89%的人都抱有浪漫爱情的观念，这种观念通过男女之间的调情和私奔等行为反映出来。但也有一些文化，特别是在那些实行包办婚姻的社会中，爱情出现在婚姻之后而非先于婚姻。此外，直到最近，北美地区的人们（特别是女性）在做婚姻选择时，依然会受到对方经济条件、家庭背景、社会地位等方面因素的影响。

中国的“感情”概念和西方人眼中的浪漫爱情有所区别。“感情”是通过帮助和为你爱的对象做些事情来实现的。例如，一个“浪漫”的行为可能是帮助爱的对象修理自行车或是帮助他/她学习新的材料（Gao，1996）。

菲利普·沙弗（Phillip Shaver）和他的同事（1992）研究了在不同的文化中，浪漫式的爱或激情式的爱是否和相同的情绪联系在一起。他们要求来自美国、意大利和中国的被试把几百个情绪词分成不同的类别。结果发现，不同文化之间的爱既有相同之处，也有区别。最令研究者惊奇的差异是，在中国人身上存在着所谓的“悲伤的爱”：中国人有许多关于爱的概念都带有悲伤的意味，例如“悲情（sorrow love）”“怜惜（tenderness pity）”“悲怜（sorrow pity）”。而“悲伤的爱”在美国和意大利样本中只占有很小的部分。可见，在西方文化中，这个类别并不被视作爱的主要组成部分。

罗特鲍姆和曾（Rothbaum & Tsang，1998）还试图弄清楚中国和美国的爱情流行歌曲中歌词怎样揭示爱的体验。与美国相比，在中文爱情歌曲中明显提到爱情带来的痛苦和它的负面后果。尽管中国的歌曲比美国的悲伤，两国之间对于爱情强烈程度的描绘并不存在差异。研究还发现，中国歌曲和美国歌曲在把爱表述为“激情而狂野”的程度是一样的。

古德温（Goodwin，1999）还考察了中国文化中“缘分”的概念，这是一种关于人际关系早已命定的信念，认为命运决定了人际关系的走向，爱侣对于他们之间的关系是无能为力的，如果关系出了问题，双方也无法挽回，必须接受命运的安排并承担随之而来的痛苦。

也有一些研究者发现，浪漫爱情的定义和体验在集体主义文化和个人主义文化中是不同的。亚洲人更可能认同一种伴侣式的、基于友情的浪漫爱情。在一项研究中，研究者对11个国家的大学生进行了调查，询问他们“如果有一位异性具有你渴望的一切品质，如果你不爱他/她的话，你会和他/她结婚吗?”结果发现，为爱而结婚在西方国家中（例如美国、巴西、英国、澳大利亚）被视为最重要的；而在一些经济发展水平较低的东方国家中（例如印度、巴基斯坦、泰国）则最不被重视。这些研究的结果表明，从某种角度来说，浪漫爱情的定义是具有文化特异性的。

在不同的文化中，爱情行为也是不同的。我们都会体验到爱，但是我们不一定要以同样的方式去爱，至少我们并不使用同样的方式来描绘它。人类学家通过研究166个社会中的爱情行为，发现了浪漫爱情在147个社会中存在（Jankowiak，1995；Jankowiak & Fischer，1992）。因此，即使浪漫爱情在整个人类中是一种普遍存在的现象，特定文化规则也会改变这种情绪状态被体验、表达和记忆的方式。就像罗伯特·摩尔（Robert Moore，1998）在中国进行的研究中所总结的那样：“与西方的年轻人相比，中国的年轻人爱得同样很深，也体验到相似的甜蜜和痛苦，但他们的爱根据这样的社会准则：要求他们为了家庭而牺牲个人的利益……这意味着避免盲目的爱、随意的性交，以及可能会忽视家庭利益的约会。”

单元小结

本单元主要是认识人在社会中必不可少的社会行为——人际交往，主要讲述人际吸引、亲密关系、爱情。通过梳理本单元的教学内容，同学们可以更好地在实际生活中运用所学的知识。

第六单元

群体心理

学习导引

同学们好！在进入本单元的课程学习之前，请大家先来阅读一个发生在战国时期的小故事。

战国时期，各诸侯国互相攻伐，为了使大家真正能遵守信约，国与国之间通常都将太子交给对方作为人质。《战国策·魏策》中有这样一段记载：

魏国大臣庞葱，将要陪魏太子到赵国去作人质，临行前对魏王说：

“现在有一个人来说街市上出现了老虎，大王相信吗？”

魏王道：“我不相信。”

庞葱说：“如果有第二个人说街市上出现了老虎，大王相信吗？”

魏王道：“我有些将信将疑了。”

庞葱又说：“如果有第三个人说街市上出现了老虎，大王相信吗？”

魏王道：“我当然会相信。”

庞葱就说：“街市上不会有老虎，这是很明显的事，可是经过三个人一说，好像真的有了老虎了。现在赵国国都邯郸离魏国国都大梁，比这里的街市远了许多，议论我的人又不止三个。希望大王明察才好。”

魏王道：“一切我自己知道。”

庞葱陪太子回国，魏王果然没有再召见他了。

街市是人口集中的地方，当然不会有老虎。说街市上有老虎，显然是造谣、欺骗，但许多人这样说了，如果不是从事物真相上看问题，人们也往往会信以为真的。

这个故事本来是讽刺魏王无知的，但后世人将这个故事引申为“三人成虎”这个成语，用来比喻有时谣言可以掩盖真相。判断一件事情的真伪，必须经过细心考察和思考，不能道听途说，否则“三人成虎”，会误把谣言当成真实的。

看到这里，我们已经明确地知道这个故事讲的就是“三人成虎”。你可能很好奇：故事中的魏王为什么会有这样的行为？你的疑惑将在本单元的学习中得到解答——群体心理。

学习目标

学习完本单元内容后，你将能够：

- 解释什么是群体，了解群体的分类以及群体内聚力。
- 描述群体的合作与竞争。
- 描述什么是社会影响，举例说明其表现是什么。
- 举例说明群体的从众、顺从以及服从现象。

思维导图

接下来，让我们一步步地深入理解本单元的学习内容。首先，我们来熟悉一下本单元内容的整体框架。

以下是本单元内容的整体框架以及学习这部分内容的思维过程规划。此图可以帮助你从整体上了解本单元内容的知识结构和学习路径，包括学习群体的定义和特征、内聚力以及分类，群体的竞争与合作、社会影响的知识，以及关于群体的一些行为，例如从众、顺从和服从的内容。请你认真品读和理解，帮助自己建立对本单元知识的整体印象。

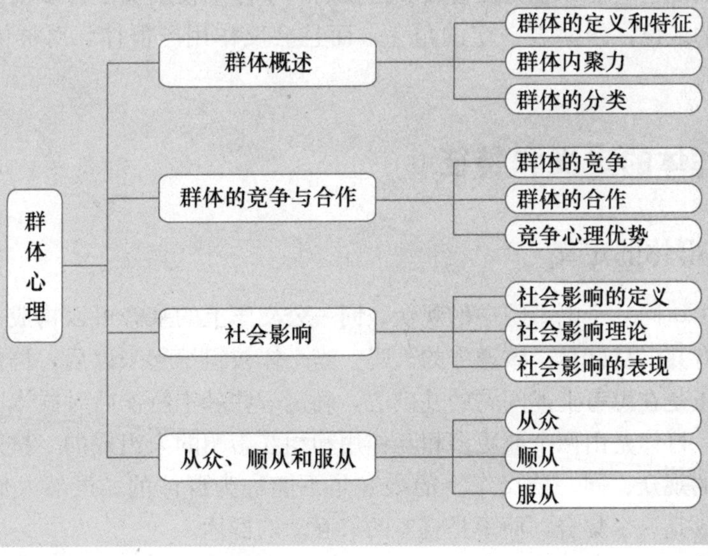

看完上面的思维导图后，你是否已经对本单元所要学习的内容以及如何学习这些内容有了一个初步的整体印象了呢？接下来，我们在这个整体框架的指引下逐一学习每个知识点的具体内容。我们在掌握了群体的定义、分类等基础知识的基础上，需要重点学习群体的行为，包括群体竞争与合作、从众、顺从、服从等知识，掌握社会影响等相关知识的内涵。在学完这些知识的基础上，要试着将它们与实务工作中的某些案例进行对接和思考，这样可以帮助你更好地内化所学的知识。

知识点 1 群体概述

学前思考

我们每个人既是社会群体的一员，也是家庭、公司、社区的一员。在不同的群体中，我们扮演着不同的角色，承担着相应的责任。

人们为何聚集在一起？群体的特征是什么？我们周围有哪些群体？接下来，带着这些疑问，我们一起来学习群体这一知识点。

学习重点

"物以类聚，人以群分。"群体是不同个体按照某种特征结合在一起的共同体，群体中的个体共同活动、相互交往。个体生活在群体之中，通过群体与社会发生关系，通过群体活动达到参加社会生活并成为社会成员的目的。个体不仅从属于许多群体，在不同的群体中占据一定的地位，扮演着一定的角色，而且会反作用于群体，对群体产生或大或小的影响。

一、群体的定义和特征

（一）群体的定义

在生活中，同一个电影院中的观众、同一公交车上的乘客可以构成一个群体吗？群体就是一群具有共同目标且一致遵守的人吗？当个体被组织起来以后，群体就构成了吗？社会心理学家正是在思考上述问题的基础上，确定一些基本特征后对群体进行界定。

肖认为，群体是由两个或更多相互作用和相互影响的人组成的。按照肖的定义，同一个电影院中的观众、同一公交车上的乘客是不能称为群体的。虽然人们机械地组合在一起，但这仅仅是一个集合，而不是真实的、互动的群体。

贝克在其所著的《社会心理学》一书中对群体的界定如下：群体的概念的关键是它所有成员彼此之间必须以一种可以观察到和有意义的方式联系；个体之间的互动使人们成为一个群体；为了一个共同的目标而努力奋斗的一批人组成一个群体。越来越多的研究者认为，群体是具有所有上述含义或具有更多含义的一种混合体。

根据上述对群体的界定，我们可以对群体的定义做一个综合的概括：群体又称团体，是具有同一目标和规范的个体相互影响、相互作用、协同活动的集合体。

（二）群体的特征

群体应该具备以下几个特征。

1. 群体目标与群体规范

任何一个群体必须具有群体目标，群体内成员有着共同的兴趣，并为实现群体目标做出自己的努力。同时，群体总是以不同的形式要求每一个成员遵守一定的群体规范，以保证实现目标。

2. 群体意识

群体中每个成员都具有群体意识，能够意识到自己是群体的一员，并且意识到其他成员的存在，能与其他成员建立起相互依存的关系与情感。群体成员之间有必要的交流与沟通，如果成员之间在心理上没有多大联系，那么它就不能被称为群体，只能被称为一堆人或一群人。

3. 群体分工

群体中每一成员都在群体中占有一定的地位、扮演一定的角色、执行一定的任务，这就是群体分工。例如，某个企业性的群体中有厂长、经理、采购员、工人等，成员各司其职，使企业顺畅运转。

二、群体内聚力

（一）群体内聚力的含义

群体内聚力也称群体凝聚力，是指群体吸引其成员，把成员聚集于群体中并整合为一体的力量。

群体内聚力的发展一般表现为三个层次。第一层次是人际吸引，群体中尚未形成规范压力，或者成员尚未了解、接受规范；第二层次是成员对规范的遵从，把个人的目标与群体的目标相结合，自觉接受群体规范的约束，并在此基础上与其他成员建立更深的关系；第三层次是成员把群体的目标自觉地看成自己的目标，并将群体规范内化为自身的行为准则。各成员因此对群体有强烈的认同感与归属感，产生高度整合的一致行动，这是群体内聚力的最高层次。

内聚力表现在成员的心理感受方面，具体如下：

（1）认同感：各成员对一些重大的事件和原则问题，都保持共同的认识与评价。

（2）归属感：每个成员在情绪上加入群体，作为群体的一员，具有“我们”和“我们的”这种情感。

（3）有力感：群体赞许和鼓励成员的行为，从而使个人的信心更足、决心更大。

（二）群体内聚力的作用

对一个群体而言，其内聚力的高低对很多方面有着重要的影响。

1. 增强对群体的控制力

内聚力对成员的稳定性有影响，内聚力越大，对成员的吸引力越大，其成员也越不愿离开该团体，因而团体就越稳定。在内聚力较强的群体中，成员间人际关系良好，大家都愿意留在自己的群体中，害怕被排斥或拒绝，因而容易接受群体的监督与控制，遵守群体规范，努力完成群体规定的任务，从而实现群体的稳定性。

沙赫特研究了内聚力强度显著不同的两个群体，让两个群体的成员各自讨论解决一个问题。讨论过程中 3 名实验助手也成为群体成员，他们扮演了不同的角色。其中一名故意表示赞同成员的意见；一名故意先发表不同的意见，然后同意群体的意见（从众者），另一名则自始至终坚持不同意其他成员的意见（异议者）。实验结果表明，上述两种群体的许多成员都在试图改变异议者的初衷，他们好言相劝，一旦发现异议者坚持自己的观点，就对他不再理睬，甚至将他排除在群体之外。内聚力强的群体，排斥现象更为严重。

2. 增强群体成员的自信心与安全感

在强内聚力的群体中，成员之间的目标一致、观点统一、关系融洽，从而成员在心理上增强了自信心和安全感。成员对自己所属的群体以及对自己的评价也会随之提高，从而更加热爱自己所属的群体，将群体作为自己的后盾与靠山。

3. 影响群体的工作效率

内聚力使群体能控制成员的行为，因而对群体的工作效率有很大的影响。研究表明，群体内聚力与群体工作效率并不总是正相关关系。沙赫特将被试分为 5 个组，控制不同的实验情景：（1）强内聚力＋积极诱导；（2）强内聚力＋消极诱导；（3）弱内聚力＋积极诱导；（4）弱内聚力＋消极诱导；（5）对照组。内聚力的强弱由指导语的控制而产生，积极或消极的诱导用群体其他成员的名义写的纸条传递给被试，积极诱导要求增加生产，消极诱导则要求减少生产。实验分为两个阶段进行：第一阶段共 16 分钟，对 4 个实验组被试都不进行诱导，只给以中性纸条；第二阶段共 16 分钟，每个实验组的被试都受到 6 次诱导。研究结果表明，实验的第一阶段，各组成绩并无差异，而在实验的第二阶段，内聚力的强弱和不同的诱导产生了明显不同的效应，从而使群体生产率产生了明显的差异。积极诱导能够提高生产率，尤其对强内聚力的组作用更大，该组成绩最好；而消极诱导则会降低生产率，所起的反作用也大，尤其对弱内聚力的组作用更大，该组的成绩最差。这一研究结果表明，强内聚力的群体受诱导影响的倾向更大。群体内聚力与生产率的关系如图 6－1 所示。

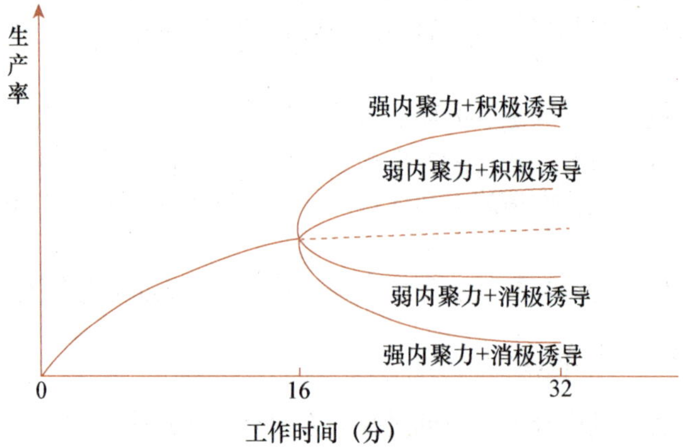

图 6－1 群体内聚力与生产率的关系

上述结果说明，要提高任何一个群体的工作效率，除了要提高群体的内聚力外，还要对群体成员加以正确引导。如果引导失误，则群体的内聚力越强，群体的工作效率越低。

三、群体的分类

群体是多种多样的，依据不同的标准，可以把群体划分为不同的类型。常见的划分有以下几种。

（一）正式群体与非正式群体

正式群体与非正式群体的划分最早是由美国心理学家梅约在霍桑实验中提出的。正式群体是指根据定员编制、章程或其他正式文件而建立的群体。正式群体结构明确，并规定好成员的地位和角色，明确提出各成员的权利和义务，具有良好的群体规范。企业、工厂、学校等都是正式群体。

非正式群体是指自发形成的，无正式规定的，成员的地位与角色、权利与义务都不明确，也没有固定编制的群体，主要满足人们的某种生活的需要，并带有明显的情感色彩，以个人好感为基础。形成非正式群体的原因有三个：一是在某种利益或观点上具有一致性；二是具有共同价值观或者共同兴趣、爱好；三是有相似的经历或背景，如同学会、老乡会等。由于非正式群体以感情为纽带，以爱好为基础，所以有着较强的凝聚力和对成员的吸引力。

社会心理学的研究与生活实践表明，在正式群体中总会有各种非正式群体，非正式群体在一定程度上会影响正式群体，其影响可能是积极的，也可能是消极的。当正式群体的目标和规范与其成员的个人需要不一致时，非正式群体的存在可能会成为正式群体发挥作用的障碍。

（二）大型群体与小型群体

根据成员之间有无直接的、面对面的联系和接触，群体可以分为大型群体与小型群体。

大型群体是指群体成员之间只是以间接方式取得联系的群体，如通过群体的共同的目标、通过各层组织机构等使成员之间建立间接联系。大型群体还可以进一步分为不同形式、不同层次的群体。如可分为国家、民族、阶级、阶层等群体，也可分为社会职业群体、人口群体、社区群体等，还可以分为观众群体、听众群体。上述大型群体都可以作为社会心理学的专门研究对象。

小型群体是指相对稳定、人数不多，成员间有面对面的直接接触和互动的群体。在小型群体中，人们相互熟悉，相互交往。小型群体的规模不能少于 2 人，但一般不超过 40 人。

家庭、小组工作、班级等都可以看作小型群体。一个人可以同时参加几个小型群体。在小型群体中，每个人根据自己的愿望与需要与他人交往。

小型群体是社会心理学家很感兴趣的研究课题。在群体心理学研究史上，有许多心理学家，如莫德、奥尔波特、勒温、谢里夫、梅奥等人，都是以小型群体的研究为起点的。

库兹明把小型群体的独特性确定为人际关系和责任依从关系的统一，其目的在于解决有社会意义的问题，因此他侧重于关注作为群体形成的主导因素的社会公益活动，而不是个人间交往的特点。

知识点 2 群体的竞争与合作

学前思考

北欧渔民们每次出海归来时，捕获的大部分沙丁鱼都会窒息而死，因此无法卖上好价钱。为了提升沙丁鱼的存活率，渔民们绞尽脑汁，最终想到了一个办法：在装满沙丁鱼的鱼槽里放进几条鲶鱼。当鲶鱼横冲直撞时，原本死气沉沉的沙丁鱼会为了保命而加速游动，从而保持了旺盛的生命力。

“鲶鱼效应”体现了生物界竞争的作用。

在现实生活中，群体与群体之间、群体内各成员之间，往往处于竞争与合作的动态平衡状态。

接下来，我们一起来学习群体的竞争与合作。

学习重点

一、群体的竞争

与合作对应的是竞争，合作与竞争是一对“孪生姐妹”。竞争也是社会生活中最常见、最普遍的一种社会心理现象。从某种程度上说，竞争促进了人类的进步和社会发展。

（一）竞争的定义

竞争（competition）是个体或群体间力图胜过对方的心理需要和行为活动，即每个参与者不惜牺牲他人利益，最大限度地获得个人利益的行为，目的在于追求富有吸引力的目标。竞争是个人或群体的各方力图胜过对方的对抗性行为，因此，其积极作用是能使人振奋精神，奋发进取，促进社会进步，提高劳动生产率。其消极作用是挫伤双方的积极性，使有限的资源难以发挥最佳效益，造成个体间或群体间的不团结，不利于人际关系的建立与发展。因为一方成功，意味着另一方就要失败。可以说，个人或群体的竞争机会越多，则成功和失败的机会也越多。

在社会生活中，竞争往往通过竞赛的形式表现出来，如球赛、卫生评比、数学竞赛等。其实，许多社会现象实质上也是另一种形式的竞争，政治、经济、军事、教育、文化和卫生等现象，无一例外。在目前的经济体制改革中，随着改革开放的深入发展，在走向市场的道路上，竞争是一种极为重要的发展机制。

竞争可分为个体间的竞争与群体间的竞争两种。多伊奇曾设计了一个现场实验，以比较两种竞争的效果。该实验以大学生为研究对象，从志愿者中选出条件相似的 50 人，分为 10 组，各组 5 人，其中 5 个组在内部开展个人竞争，5 个组在组与组之间开展群体竞争。实验结果表明：无论个人间还是小组间，只要是竞争条件下，每个群体中各个成员的工作是相互支持，共同活动的目的指向性强，彼此的情况及时交流，相互理解，相互配合，能提高工作效率。问题在于，竞争也会催生宗派主义情绪滋长，不利于建立群体间的良好关系。

（二）竞争状态下的心理效应

竞争作为一种社会性刺激，会对个体产生一系列心理效应。

1. 激发动机，发挥潜力

个体的需求多种多样，处于竞争条件下，人们的自尊需要和自我实现的需要更为强烈，对于竞赛活动将会产生更加浓厚的兴趣，克服困难的意志更加坚定，争取成功的信念也更加坚定。个体将动员一切力量，全力以赴，充分发挥内在潜力与创造力，力争使自己在竞争中立于不败之地。

2. 肌肉产生紧张感，精力更加充沛

竞争时，由于人们处于一种应激状态，产生了强烈的情绪体验，刺激着肾上腺体分泌激素、血糖升高，从而使全身肌肉产生一种紧张感，全身各器官和组织也都动员起来，应对紧急情况。这种紧张感对参加体育竞赛和其他项目都是有益的。

3. 增强自我意识

通过与他人的竞争，个体对自己的特点和能力有了进一步的认识，因此能客观地评价自己，扬长补短，精益求精。即使遇到失败，遭到挫折，也能查找原因争取东山再起。

4. 阻碍人与人之间友好关系的发展

由于个体一心想战胜对方，经常将对手与自己比较，往往会过高地估计自己；对竞争对手的优点、友好的表示等视而不见，不想做出公正的评价，甚至采取妒忌、贬低和仇视的态度，不利于与他人建立良好的人际关系。

5. 不利于身心健康

个体与个体、群体与群体频繁地进行竞争，容易产生紧张、忧虑、自卑等消极情绪体验，不利于个体身心健康。在有些场合，如体育方面的重大比赛、升学考试、职业竞赛等活动，参加竞赛者心理压力特别大，由于求胜心切，反而会产生怯场与失误，从而影响正常水平的发挥，而且也会对个体的心理健康产生长期和深远的影响。

二、群体的合作

合作是一种普遍的社会现象。球赛中球员们配合默契、协调一致；科研中科技人员团结一致、协力攻关；家庭中各个成员同舟共济、共渡难关。可见，合作现象广泛存在于群体内部成员之间，即合作是群体内部成员交往或互动的典型方式。

（一）合作的定义

合作是多学科的研究对象，是开展社会活动的重要保证。有研究者指出，合作是指至少两个人在学习、工作、休闲或社会关系中通过共同活动，相互帮助和配合，以追求共同目标、享受合作成果或增进友谊的行为。

多伊奇（Deutsch，1968）指出，合作有三层心理学上的含义：（1）相互帮助。参与合作的所有成员的行为是可以相互替代的。（2）相互鼓励。成员为完成任务而产生彼此肯定的情绪。（3）相互支持。合作中的群体成员的行为能促使群体更接近共同目标时，其他成员会接受并支持他的行为。

一言以蔽之，合作是指群体成员一起活动以实现共同目标的行为。这些目标通常是无法通过个人努力实现的。在合作条件下，彼此之间表现为团结协作、亲密友好的关系。多伊奇做了一个实验，他要求一半被试以合作为基础讨论一个问题，该组全部被试将获得同样的成绩；要求另一半被试以竞争为基础，按照每个人对讨论的问题所作出的贡献，给每个人不同的成绩。实验结果表明，合作讨论问题的成员之间协调一致，相互友好；而处于竞争状态的成员之间则很少沟通，更多成员表现得忧心忡忡。这个简单的实验表明，合作要求有较高的认知能力，合作中每个成员不仅要参与并监控自己的行为，而且也必须参与和监控合作者的行为，即合作需要双方的理解或认同。

（二）有效合作的条件

社会心理学家一直对群体中的合作现象感兴趣，认为这是开启群体心理现象研究的一把“钥匙”，对于认识群体内人际交往活动的心理机制具有重要意义。20 世纪 60 年代，有一批研究者投身该研究领域。其中，谢里夫（Sherif，1961）的研究表明，有效的合作必须具备一定的条件：目标、利益共同、相互依存、共同活动。

三、竞争心理优势

人们在利益的诱惑之下，更倾向于选择竞争的行为方式而不是合作，即使竞争的后果显然不利于大家的利益时也是如此。

竞争心理优势是指在需要共同拥有资源的情境中，人们在合作与竞争的两重选择上更倾向于选择竞争的心理现象。这种现象不仅为大量的经典实验研究所证明，也在日常生活的观察中被反复印证。

社会心理学中研究竞争的经典实验有两个。

一个是经典实验囚犯两难困境。虽然后来人们对囚犯两难困境做了很多变通，如将都认罪改为判刑 10 年，都不认罪都判刑 3 年；一方认罪另一方不认罪则认罪的一方可以释放，而不认罪的一方则要重判 30 年；或者将囚犯困境改为实验室竞赛游戏，将处罚和奖励变为现金，但困境的竞争与合作实质没有改变。

另一个经典的实验是多依奇和克劳斯（Deutsch & Krauss，1960，1962）进行的卡车运输游戏实验。实验情境是这样的：假设两个被试都经营运输公司——一个是艾可米公司，另一个是波尔特公司。现在双方都需要让自己公司的一辆卡车尽快赶到终点。两辆卡车的起点和终点是不同的，但在途中需要经过一段双方都要经过的单行道，且单行道两端有两个电门分别由双方控制，如果不想让别人通过则可以关闭电门。由于单行道只允许一辆车行驶通过且两辆车是相向而行的，因此唯一的办法就是双方交替使用。一方先在自己的线路上等待一会儿，等待对方卡车通过后再驶入。如果其中一个被试关闭自己所控制的电门就会使单行道失去通行作用，只能启用备用线路。研究者在实验前会明确告诉被试，即使交替使用单行道需要等待，也比走备用路线更加经济和高效。图 6－2 是实验路线的示意图。

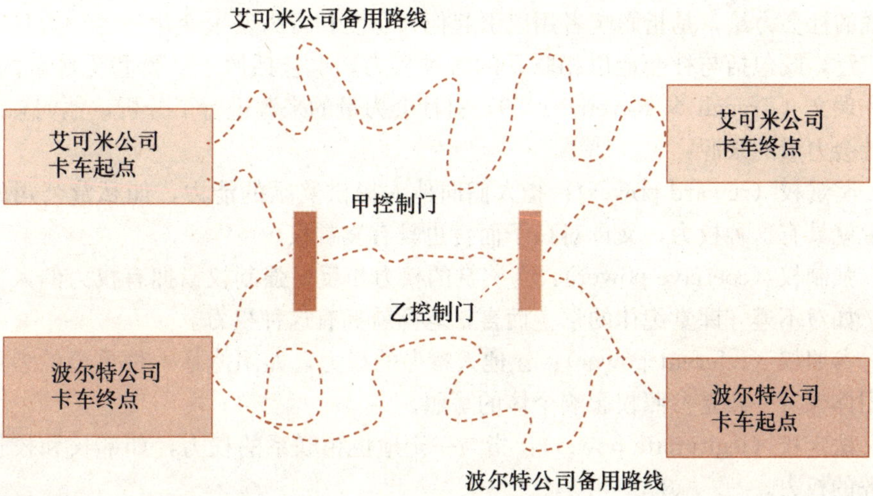

图 6－2 卡车货运游戏路线图

图片来源：S S Brehm & S M Kassin. Social Psychology. Bostom：Houghton Mifflin Company，1996：443.

结果表明，被试为了单行道而发生了争夺，他们关闭自己所控制的电门，最终都以失败而告终。实验中被试的典型行为是双方都试图使用单行道，他们在中途相遇，然后倔强地对峙，都拒绝后退。最后，其中一个开始倒车，然后关闭自己控制的电门迫使对方也退出去，这样最终两方都使用费时的备用路线。实验中双方偶尔也会合作，但是大部分回合的实验都是竞争性的。人类的竞争心理优势得到了很好的证明。

知识点 3 社会影响

学前思考

相信大家都听过“一个和尚挑水喝，两个和尚抬水喝，三个和尚没水喝”的故事，那么请同学们分析一下：为什么三个和尚没水喝?

学习重点

在社会生活中，我们的心理和行为每时每刻都会受到各种各样因素的影响，这些因素对我们的人格以及社会行为起着极大的制约作用。这里所说的社会影响，不仅包括各种社会力量的影响，而且也包含文化和团体的影响。

一、社会影响的定义

社会影响是指运用个人或团体的社会力量在特定方向上改变他人态度或行为的现象。这里所说的社会力量，是指影响者用以引起他人态度和行为发生变化的各种力量，它的来源非常广泛，既包括与社会地位相联系的各种权力，也包括源于被爱和受尊敬的影响力。弗兰奇和瑞文（French & Raven，1959）对社会力量的来源进行了分析，他们总结出了以下六种社会力量的来源：

（1）奖赏权（reward power）：指人们向他人提供奖励的能力，如私营公司的老板对下级来说就具有这种权力，父母对孩子而言也具有奖赏权。

（2）强制权（coercive power）：与奖赏的权力相反，强制权指拥有权力的人提供惩罚的能力，如对不遵守课堂纪律的学生而言，老师就拥有这种权力。

（3）参照权（referent power）：让他人参考的权力，如团体是一种重要的参照权的来源，与团体保持一致是参照权影响个体的写照。

（4）法定权（legitimate power）：指与一定地位相联系的权力，如部长和校长拥有的处理事务的权力。

（5）专家权（expert power）：与某些特长相联系的权力，如医生在处理疾病时的影响力、政治家在处理国际事务中的能力。

（6）信息权（informational power）：指了解某些他人不知道的信息而拥有的影响力。

专栏：网上购物中的社会影响

随着互联网的发展，人们在生活中越来越多地在网上购物，花在网购上的时间也越来越长。由于只能看到商品的照片或视频，选择网上购物的顾客常常面临信息不确定等因素的影响。为了吸引顾客，很多购物网站都会向顾客展示老顾客对已购买商品的评价和反馈信息，而这些评价往往会影响新顾客对该商品的购买意愿和决策。

研究者们（Haiyi Zhu，Bernardo Huberman & Yarun Luon，2012）设计了一个实验来研究社会影响对网上推荐系统的影响，具体来说就是当面对不同程度的确定性和服从威胁时，人们的选择受到他人推荐的影响程度。实验中，被试先对一系列的成对商品做出偏好选择，在知道其他人的偏好后，这些被试再做出第二次选择。结果发现，他人的观点的确会显著改变被试的选择，特别是当第一次选择和第二次选择之间间隔的时间比较久时，他人的影响会更加强烈。与面对压倒性数量的相反意见相比，当被试面对中等数量的相反意见时更加容易改变选择。有趣的是，被试第一次选择时所花的时间能显著预测第二次是否会改变决定，也就是说，被试第一次选择所用时间越长，第二次选择越不容易改变决定。

除了老顾客的评价会影响新顾客的购买决策，施利哈里·斯利达尔和拉吉·施里尼华森（Shrihari Sridhar & Raji Srinivasan，2012）认为这些他人评价也会影响新顾客对商品的评价。为了证明这个观点，这两位研究者收集了 7 499 位顾客对 114 家旅馆的网上评价。结果发现，其他顾客的评价会弱化被试对这些旅馆优点的积极体验，并且强化一些没有得到改善的缺点所引起的消极感受，而对于一些得到良好改善的缺点，顾客们则常常会颠覆前人的消极评价。这项研究表明，影响他人的消费者本身受到他人的影响，老顾客的评价会影响新顾客的评价，社会影响效应使得商品的网上评价就像一把双刃剑，夸大商品缺点的同时强化商品改善的积极效应。

二、社会影响理论

来自外界的社会压力对人们的行为有着很大的影响，这些影响如何起作用是心理学家极为关心的问题，拉塔纳（Bibb Latanē）提出的社会影响理论（social impact theory）就论述了社会影响的一些原则。

拉塔纳指出，在一个特定的社会情境中，来自他人的社会影响的总量取决于三个方面的因素：他人的数量、重要性和直接性。这种社会影响发生作用的机制与物理作用一样，以光照射在一个平面上为例，平面接收到的光的量不仅取决于开了多少盏灯，还取决于灯泡的瓦数以及它与平面的接近程度。

（1）他人的数量：周围他人越多，来自他人的社会影响就越大，比如一个新演员在面对 50 个观众时要比他面对 10 个观众时更怯场。Latané 还提出，伴随着影响人数的增加，每一个人的影响实际上在下降，也就是人数的边际效应递减，第二个人的影响比第一个人小，第 N 个人的影响小于第（$N-1$）个人的影响。仍以上面照明的例子来说，在屋子里只有一盏灯亮着的时候，如果打开第二盏灯，它增加的亮度我们还能感觉到；但是随着灯的数量进一步增加，当由 14 盏增加至 15 盏的时候，我们就很难感觉到。因为随着灯的增加，每一个灯泡的影响反而下降了。

（2）他人的重要性：也称他人的强度，它依赖于他人的地位、权力以及他人是否是专家。在许多情境下，一名警官的影响要比一名邮递员的大，一名大学教授的影响要比一名小学老师的大。他人的地位越高、权力越大、权威越强，他的社会影响力就越高。

（3）他人的接近性：是指他人在时间与空间上与个体的接近程度，与一个相隔 20 米的人相比，一个与我们面对面相处的人对我们的影响更大。

三、社会影响的表现

我们时刻感受着来自社会与团体的影响，这些影响在很大程度上决定着我们的生活。团体生活是人类生活的基本方式，接受团体的影响对个体来说是不可避免的事情。从心理学的角度看，团体对个体行为的影响是多方面的，这些影响体现在人类生活的许多方面。

（一）社会促进

社会促进（social facilitation）是指人们在有他人旁观的情况下工作表现比自己单独进行时更好的现象。最早对此问题进行研究的是特瑞普里特（Triplett，1898），特瑞普里特注意到在有竞争时人们骑车的速度比单独骑的时候快，因此他设计了一项实验，探讨儿童在有他人存在时是否会工作得更快。结果证明了他的预期，儿童在拉钓鱼线的实验中，当有他人存在时拉得更卖力。特瑞普里特对社会促进的这个证明也是最早的社会心理学实验室研究。

其他的心理学家也发现了这种现象。奥尔波特（Allport，1924）让被试完成一些任务，如简单的乘法、圈字母等，他发现即使这些作业只需要被试独自完成，当房间有五个人时，个人的工作效率也比仅有一个人在房间时高。社会促进作用不仅发生在人类身上，也同样发生在动物身上，当有同类在场时，蚂蚁能挖掘出更多的沙子，小鸡会吃更多的谷物，发情中的老鼠会表现出更多的性活动（Bayer，1929；Chen，1937；Larsson，1956）。

为什么会产生社会促进呢?

扎荣茨（Zajonc，1965）用简单在场（mere presence）解释这一现象。他认为他人的出现会使人们的生理唤起增强，而这种生理唤起会进一步强化人们的优势反应。在简单任务中，优势反应往往是正确的，而在复杂任务中，正确答案往往不是优势反应，所以在复杂任务中，唤起增强的是错误反应。也就是说，他人的出现对完成简单工作起促进作用，而对完成复杂工作起阻碍作用，这两方面加在一起统称社会促进。邦德（Bond，1983）和格林（Guerin，1993，1999）对300多个研究进行了元分析，证明了扎荣茨的理论可以很好地解释人类行为中的社会促进现象。随后的研究也以不同的方式验证了这个规律：无论优势反应是正确反应还是错误反应，社会唤起都会促进优势反应。亨特和希勒里（Hunt & Hillery，1973）发现：他人在场时，学生们学习走简单迷宫所需的时间会变少，而学习走复杂迷宫所需的时间会增加。迈克尔（Michael）等人（1982）发现：在一个学生社团里面，优秀的撞球选手（在隐蔽观察条件下击中71%的选手）在有四位观察者来观看他们表现的情况下，他们的成绩会更好（80%的击中率）；而差劲的选手（先前平均击中率为36%）在被密切观察的条件下表现得更差（25%的击中率）。由于运动员们所表现的都是熟练掌握的技能，这就有助于解释为什么观众的支持性反应常常能够激励他们表现出最佳状态。在对加拿大、美国、英国举行的总计8万项大学体育赛事或专业体育赛事的研究显示：主场队会赢60%的比赛（棒球和橄榄球会少一些，篮球和足球会多一些）。这种主场优势有可能是来自运动员对主场环境的熟悉、较少的旅途劳顿、对领土控制的优越感，或者源于观众狂热的喝彩而激起的更高的团队认同感（Zillmann & Paulus，1993）。

对社会促进的另一种解释是科特莱尔（Cottrell，1972）提出的评价恐惧理论（the evaluation apprehension）。该理论从害怕被他人评价的角度解释了社会促进现象。科特莱尔认为，在有他人存在的环境中，人们由于担心他人对自己的评价而引发了唤起，进而对工作绩效产生影响。在一项研究中，科特莱尔设置了三种情境：第一种情境是让被试单独从事一项工作；第二种情境是在被试完成工作时实验助手出现，并与被试做同样的工作；第三种情境是一个双盲实验，被试和助手做同样的工作，但他们均不知道实验的目的，实验者告诉他们正在进行一项知觉实验。结果第二种情境表现出了社会促进作用，他人存在和评价恐惧均能对此加以解释。然而双盲这一组没有发现社会促进作用出现，被试的反应与第一组没有差异。由于双盲组中的他人只是生理上的出现，没有对被试的绩效进行评价，所以这一结果支持评价恐惧理论，而与他人存在的解释相矛盾。因此，按照评价恐惧理论的观点，如果他人只是出现了，而没有对工作表现加以注意，他们的出现不会产生社会促进的效果。其他一些实验也证实了科特莱尔的结论：如果人们认为自己正在受到在场的人的评价，那么他们的优势反应提高得最明显。在一个有趣的实验中，被试是来自加利福尼亚大学的长跑者，这些长跑者在跑道上跑步时会遇到一位坐在草地上的女士。如果这位女士是面对他们的，那么与她背对着他们相比，长跑者跑步的速度会更快一些，而这些长跑者认为自己的行为正受到这位女士的关注和评价（Worringham & Messick，1983）。

对社会促进的第三种解释与分心冲突有关。由于社会促进作用不仅在人类中存在，在许多动物身上也有此类现象发生，而我们相信动物是用不着“担心”评价的。为了解释这一点，巴伦（Baron，1986）和桑德斯（Sanders，1983）提出了分心冲突理论（distraction conflict theory）。按照这一理论，当一个人在从事一项工作时，他人或新奇刺激的出现会使他分心，这种分心使得个体在注意任务还是注意新奇刺激之间产生了一种冲突，这种冲突使得认知系统负荷过重，从而唤起增强，导致社会促进效果。这种唤醒不仅来自他人在场，有时其他非人的分心物的出现，比如光线的突然照射也会产生这种效应（Sanders，1981）。该理论解释了噪声、闪光等刺激对作业成绩的促进或损害作用（Pessin，1993；Sanders，1975）。

（二）社会懈怠

社会懈怠（social loafing）是指在团体中由于个体的成绩没有被单独加以评价，而是被看作一个总体时所引发的个体努力水平下降的现象。心理学家黎格曼（Ringelman，1880）最早发现了社会懈怠现象，他发现当人们一起拉绳子的时候，平均拉力要比一个人单独拉时的平均拉力小。在研究中，他让参加实验的工人用力拉绳子并测拉力，实验包括三种情境：工人独自拉、3 人一组拉和 8 人一组拉。按照社会促进的观点，人们会认为这些工人在团体情境中会更卖力，但事实恰恰相反：当工人独自拉时，人均拉力为 63 千克；3 人一起拉时人均拉力为 53 千克；8 个人一起拉时人均拉力只有 31 千克，不到单独时拉力的一半。

拉塔纳和他的同事（1979）为社会懈怠现象提供了进一步的证据。在其中的一项研究中，他让大学生以欢呼或鼓掌的方式尽可能地制造噪声，每个人分别在独自、2 人、4 人和 6 人一组的情况下做。结果如图 6-3 所示，每个人所制造的噪声随团体人数的增加而下降。社会懈怠现象不仅发生在上述情境中，也发生在人们完成认知任务的时候（Petty，1977；Weldon，1988）。那些单独鼓过掌也和他人一起鼓过掌的人，并不认为自己出现了懈怠，他们认为在两种情况下自己的努力程度是一样的。即使所有人都承认发生了懈怠，也没有一个人承认是自己制造了懈怠。

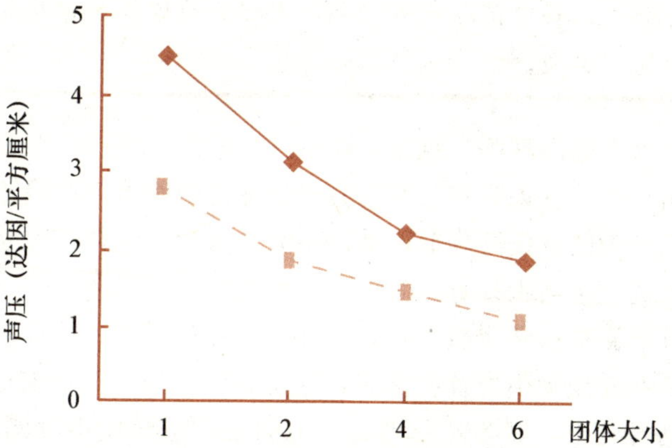

图 6-3 社会懈怠的证据

政治学家斯威尼（Sweeney，1973）对社会懈怠的现象很感兴趣，他在得克萨斯大学所做的一项实验中发现，当学生们知道自己被单独评价时（以发电量为指标），他们踩自行车练习器时要更加卖力一些；而在团体条件下，人们常常会受到搭便车的诱惑。有趣的是，社会懈怠和性别也有关系，女性发生社会懈怠的现象比男性要少。库吉哈尔（Kugihara，1999）研究发现，大约20%的日本男性和60%的日本女性不会发生社会懈怠。研究者发现社会懈怠的性别差异在很多文化中都存在。在中国和美国文化中，女性的社会懈怠都要少于男性。（Gabrenya，Wang & Latané，1985）

专栏：社会懈怠是普遍的吗？

与个人主义文化相比，生活在集体主义文化中的人们通常被认为是更善于团结合作，更具有责任心。那么集体主义文化中存在社会懈怠吗？卡劳（Karau）等人（1993）收集了78个有关社会懈怠的研究并进行了元分析，结果发现社会懈怠普遍存在于各种任务和各类人群中。虽然文化对社会懈怠具有一定的调节作用，但是社会懈怠的确存在于各种社会中。

史密斯（H. Smith，1976）对苏联集体农场进行了调查研究。集体农场里的农民需要耕作大量的公有土地，而自己只拥有很小块的私有土地。与私有土地相比，农民对这些公有土地并没有直接的、特别强烈的责任感。虽然这些农民的私有土地只占全部耕种面积的1%，但其产出却占全苏维埃农场产出的27%。在匈牙利，农民的私有土地只占农场总面积的13%，但其产量却占了总量的1/3（Spivak，1979）。有研究者在亚洲的日本、泰国、印度和马来西亚进行了制造噪声的实验。结果发现社会懈怠现象在这些集体主义文化地区同样非常显著。丘奇（Church，1986）的研究发现，在中国政府允许农民完成公粮上交后即可出售富余的粮食之后，中国的粮食产量以每年8%的速度暴涨——是前26年的年增长率的2.5倍。

既然集体主义文化和个人主义文化都存在社会懈怠现象，那么是否存在差异呢？研究者们在亚洲进行的一系列的跨文化研究结果显示：在集体主义文化下，人们表现出的社会懈怠的确不如个人主义文化下强烈（Karau & Williams，1993；Kugihara，1999）。美国人更多地表现出社会懈怠，而中国人更多地表现出相反的模式。也就是说，在集体主义文化下，社会懈怠不是特别典型。

社会懈怠现象为什么会出现呢？克尔（Kerr，1981）、哈金斯（Harkins，1989）等人认为，在团体中，由于个体认识到自己并不会成为评价的焦点，而自己的努力也会埋没在人群中，所以对自己行为的责任感降低，从而不大去努力，致使作业水平下降。从这一点来看，社会懈怠现象的产生与责任分担有关。

从社会促进和社会懈怠这两个概念中，也许你已经注意到，团体情境有时候对个体作业水平起促进作用，有时候却引发社会懈怠，这是为什么呢？拉塔纳认为社会促进和社会懈怠产生于不同的情境之中，如图6-4所示，在社会促进情境中（图A），个体是他人影响的唯一目标，所有的社会影响均指向该个体，当在场的他人增加时，社会影响也增加；社会懈怠现象则发生在团体成员完成团体外他人指定的作业时，每一个个体仅仅是外人影响的目标之一，外人的社会影响会分散到每一个人的身上（图 B），随着团体规模的增加，每一个人感受到的压力随之降低。

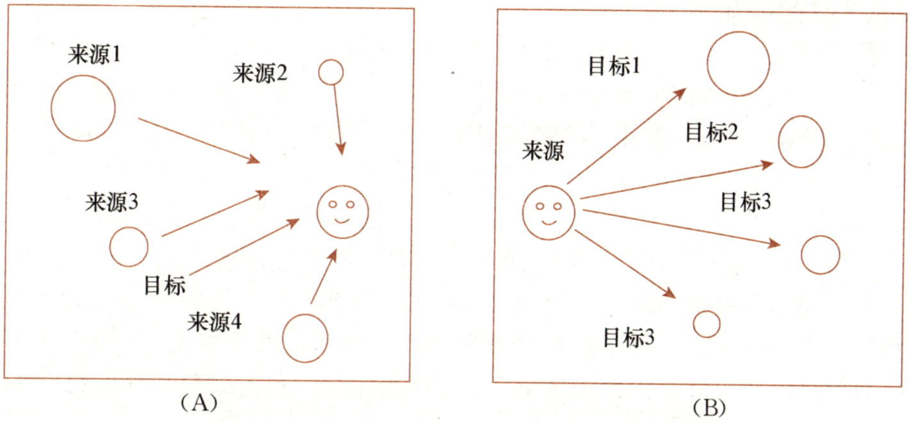

图 6－4　对社会促进与社会懈怠产生情境的区分

由于社会懈怠现象对团体的工作表现有害，所以人们一直在探讨如何消除这种现象。拉塔纳认为，个体可能相信团体当中其他人并不像自己那样卖力，而且个体也可能会觉得在团体活动中自己的贡献会被忽略，产生责任扩散。因此，如果想要克服社会懈怠现象，最好的方式是让被试感受到更多的参与及责任，比如采取一些激励措施，提高成员对群体的认同感和凝聚力，从而降低社会懈怠的程度。戴维斯等人（1992）研究发现，如果小组成员彼此都是朋友而非陌生人，或成员都很认同自己的群体，那么懈怠就会有所减少。除此之外，当任务具有挑战性、吸引力、引人入胜的特点时，群体成员的懈怠程度就会减弱。面临挑战性的任务时，人们可能会认为付出自己的努力是必不可少的。另一种策略是使个体作业成绩可识别化。有些橄榄球教练通过录像和对运动员进行个别评价的方法来达到这一目的。无论是否在一个小组中，当个体的行为可以被单独评价时，人们会付出更多的努力。大学游泳队的队内接力赛中，如果有人监控并且单独报出每个人所用的时间，那么整体游泳的速度就会有所提高。

（三）去个体化

团体对个人行为影响的另一个例证是去个体化现象，它是指个体丧失了抵制从事与自己内在准则相矛盾行为的自我认同，从而做出了一些平常自己不会做出的反社会行为。去个体化现象是个体的自我认同被团体认同所取代的直接结果。生活中常见的去个体化现象并不多，但它的危害却十分严重，比如当某一支球队的球迷因为自己的球队输球而聚集在一起闹事的时候，他们往往做出自己平时想都不敢想的事情：烧汽车、砸商店，甚至杀人放火。

去个体化行为为什么会产生呢？津巴多（Zimbardo）认为这种现象的产生与三个方面的因素有关：唤起、匿名性以及责任扩散，而其他心理学家在解释去个体化的原因时认为这主要来自以下两个方面。

1. 匿名性

匿名性是引起此现象的关键，团体成员越隐匿，他们越会觉得不需要对自我认同与行为负责。在一群暴民中，大部分人觉得他们不代表自己，而是混杂于群众中，也就是说没有自我认同。相反，如果他们具有某种程度的自我认同，并且保持着个体的存在感，就不会出现不负责任的行为。

津巴多（1970，2002）的研究对此提供了生动的描述。在研究中，由 4 名妇女组成的团体参与对陌生人实施电击的实验。在有些组中，这 4 个人彼此以姓名相称，并且胸前挂着名牌，极易辨认；在另一些组中，被试则穿着宽大的衣服，围着头巾，极难辨认。结果发现后者电击他人的可能性是前者的 2 倍多。显然，匿名性将使侵犯行为急剧增加，结果支持了“去个体化是导致团体中暴力及反社会行为的原因”的说法。

迪纳（Diener）等人（1976）对儿童偷窃行为的研究也证明了这一点。在研究开始的时候，他们问了有些孩子的名字并记下，对另一些儿童则没有进行这样的处理。研究的情境是当大人不在场时，孩子有机会偷拿额外的糖果，结果也支持了匿名性的效果。那些被问及姓名的小朋友不大会去多拿，即使他们知道自己不会被抓住，他们也不去做这样的事情。

随着互联网的普及，网络也提供了类似的匿名性。人们常常在网络上下载盗版音乐、盗版电影以及盗版图书资料。因为这样做的人太多了，所以人们几乎不会认为下载别人版权所有的资料有多么不道德，也不会想到自己会因此而被逮捕。网络聊天室的匿名性也使其中敌对或激进的行为比面对面交谈中要多得多（Douglas & Mc Garty，2001）。

2. 自我意识降低

去个体化现象产生的第二个原因与个体自我意识功能的下降有关。迪纳（1980）认为，引发去个体化行为的最主要的认知因素是缺乏自我意识。人们的行为通常受道德意识、价值系统以及所习得的社会规范的控制，但在某些情境中，个体的自我意识会失去这些控制功能。马伦（Mullen，1986）认为团伙的规模越大，成员越有可能失去较多的自我意识。在群体中，个体认为自己的行为是群体的一部分，这使得人们觉得没有必要对自己的行为负责，也不顾及行为的严重后果，从而做出不道德与反社会的行为。比如在上面讲到的有关儿童违规偷着多拿糖果的研究中，迪纳对实验情境做了小小的改变：有些情况下，他在孩子们拿糖果的盒子旁边放了一面镜子。结果正如我们在以前讲到过的那样，镜子使得被试的内在自我意识提高，从而对自己的行为标准也有更清醒的认识，所以违规行为的比例下降，只有 12%；而其他组孩子同样行为的比例为 34%。实际上，人们大多数的去个体化都是因为自我意识的能动作用丧失引起的。

去个体化并不是只能引发人们释放邪恶的冲动，约翰逊和唐宁（Johnson & Downing，1979）在佐治亚大学进行了这样一项实验：要求女被试在决定给别人实施多大程度的电击之前穿上护士制服。结果发现这些身穿护士服保持匿名的女被试的攻击性远不如说出自己名字和身份时大。普梅斯和斯皮尔斯（Postmes & Spears，1998）对 60 项去个体化研究做了分析，得出这样一个结论：匿名性使人们的自我意识减弱，群体意识增强，更容易对情境线索作出回应，无论情境线索是消极的还是积极的。一旦提供积极的线索，去个体化的人们甚至会施舍更多的钱财（Spivey & Prentice，1990）。

知识点 4　从众、顺从和服从

学前思考

1. 服从——猴子与香蕉

美国西点军校的实验室有一个很经典的关于一群猴子和香蕉的故事。有 6 只猴子关在一个实验室里，头顶上挂着一些香蕉，但香蕉都连着一个水龙头，猴子看到香蕉，很开心地去拉香蕉，结果被水淋得一塌糊涂，然后 6 只猴子都知道香蕉不能碰了。然后换一只新猴子进去，这时实验室里就有 5 只老猴子和 1 只新猴子，新来的猴子看到香蕉自然很想吃，但 5 只老猴子知道碰香蕉会被水淋，都制止它。过了一段时间，新来的猴子也不再去碰香蕉了。然后再换一只新猴子，就这样，最开始的 6 只猴子全被换出来了，而新进去的 6 只猴子也不会去碰香蕉。

2. 从众——毛毛虫

法国科学家亨利·法布尔曾做过一个毛毛虫实验：他把若干毛毛虫放在一只花盆的边缘，使其首尾相接成一圈，然后在花盆的不远处撒了一些毛毛虫喜欢吃的松叶。一连七天七夜，都未曾有一只毛毛虫吃到松叶。相反，它们一直一个跟一个绕着花盆一圈又一圈地走，直到饥饿劳累而死。也许动物世界的故事看起来多少有些讽刺，但是人类又何尝不是如此？社会心理学家的研究发现，产生从众心理的重要因素是有多少人在坚持某一条意见，而非这个意见本身。人数多无疑表达了一种说服力，相信很少有人会在众口一词的情况下仍然坚持自己的不同意见。简单来说，从众心理就是看到大多数人在做某一件事，认为是对的、正确的，那自己也就会以此作为是非判断的标准之一，确定自己是不是也应该这么做。“羊群效应”其实就是从众心理在动物界的表现。

请同学们想一想，你的身边是否发生过服从或者从众的现象？为何会发生这些现象？

接下来，我们一起来了解社会群体中常见的从众、顺从和服从现象。

学习重点

社会影响最直接的表现就是它对人类的行为有着重要的决定作用，受社会影响的行为大致可以分为从众、顺从与服从。

一、从众

心理学家梅尔斯（Myers）认为从众（conformity）是个体在真实的或想象的团体压力下改变行为与信念的倾向。斯蒂芬·弗兰佐（Stephen Franzoi）把从众定义为对知觉到的团体压力的一种屈服倾向。尽管在表达上有所差异，但他们都指出了这一概念的实质，即从众是一种在压力之下发生行为改变的倾向。

（一）有关从众的经典研究

1. 谢里夫（Sherif）有关规范形成的研究

最早对从众行为进行实验研究的是心理学家谢里夫。1935年，谢里夫发表了他的有关团体规范如何形成的研究报告。在这篇报告中，他明确反对作为美国心理学奠基人之一的奥尔波特（Allport）关于群体问题的观点，认为团体不是个体的简单组合，团体大于个体之和。

为了证明在不确定条件下团体压力会对个体的判断产生影响，谢里夫利用知觉错觉中的自主运动现象研究大学生被试的判断情况。自主运动现象是指在一个黑暗的、没有参照系的屋子里，当人们盯着一个静止不动的光点时，会感到该光点向各个方向运动的现象。在研究中，谢里夫把大学生每三个人分为一组，让他们判断光点移动的距离到底有多少，每一组在判断之后将自己的结果告诉其他组的被试。

结果如图6-5所示：最初的时候，人们判断上的差异很大，有的人认为光点移动了7、8英寸，而有的人认为只移动了零点几英寸。但随着时间的推移，人们的判断趋于一致，到第三阶段时，所有被试组的判断基本上达到了一致，即对这个问题形成了一个共同的标准，谢里夫认为这个阶段实际上已经建立起了团体规范。这种规范对每个人的行为与信念起着制约作用。有意思的是，在研究结束时，谢里夫问参加实验的被试，他们的判断是否受到了他人的影响，被试都否认他人对自己有影响。谢里夫的研究还发现，在情境越是不明确以及人们不知道如何定义该情境时，人们受到他人的影响也越大。

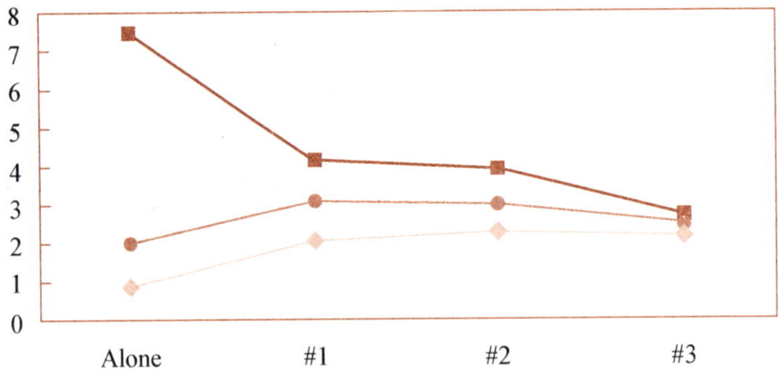

图6-5 规范的形成

注：#1、#2、#3是指小组各次的判断，随着时间的推移，三个小组的判断趋于一致。

麦克尼尔和谢里夫（Macneil & Sherif，1976）进一步研究了在自主运动情境中形成的团体规范能够存在多久，结果发现团体规范对个体判断的作用越强大，团体规范被团体接受和传递的可能性越小。也就是说，规范的压制性力量越大，它以后被修改的可能性越大。这个结论有助于我们理解为什么强大的独裁政府会在一夜之间土崩瓦解。

2. 阿希（Asch）的线段判断实验

与谢里夫的研究相比，阿希的研究被认为是有关从众研究的典范。由于谢里夫的研究是在一种模糊的情境中进行的，所以人们往往认为不明确的情境使得人们易受他人的影响。那么，当情境很明确的时候，人们会不会从众呢？

阿希设计的实验情境之一如下：当志愿参加实验的大学生被试来到实验室的时候，看到 6 名与自己一样参加实验的被试已经在等着了。实际上这 6 个人是阿希的实验助手（也称同谋），他们的判断是阿希事先设计好的。当被试和这 6 个人围着桌子坐下以后，阿希拿出了一张卡片放在黑板架上，这张卡片的左边有一条线段（标准线段 X），右边有三条线段，旁边分别标有 A、B、C（见图 6－6），阿希告诉被试他们的任务就是简单地报出 A、B、C 中哪条线段和标准线段一样长。

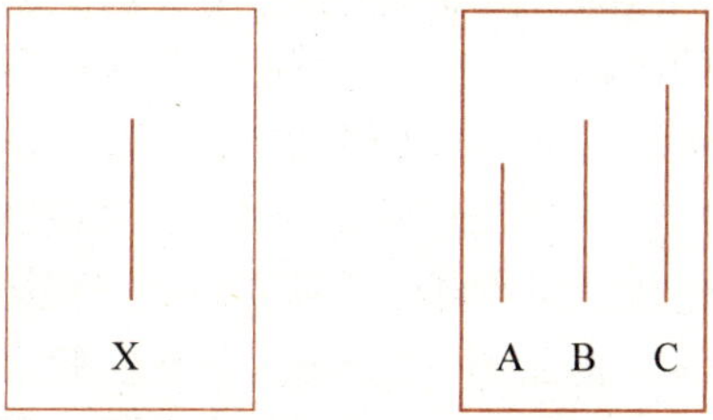

图 6－6　阿希的线段实验

很显然，对被试来说这是一项非常容易的任务，只要视力正常的人都能看出 B 是正确的答案。在前两轮实验中，实验者的同谋选择了正确的回答。但从第三轮开始，实验者的同谋一致性地选择了错误的答案（比如 A）。阿希想知道在这种情况下被试会不会从众呢？有多少人从众，有多少人不从众？结果发现尽管人们的从众程度不同，但总体上讲至少有 33%的被试会从众，即选择与实验同谋一样的答案。另外，在整个实验过程中，有 76%的人至少有一次从众行为发生。

在阿希研究的基础上，莫顿·多伊奇和亨利·杰勒德（Morton Deutsch & Henry Gerard，1955）对从众的原因做了说明。根据他们的观点，促使人们从众的团体压力有两个来源：规范性和信息性的社会影响。前者发生在人们想要获得奖励与避免惩罚时；后者发生在个体希望从他人或其他团体那里获得精确的信息时。比如坎贝尔等人（1986）就指出，人们经常从团体那里获得信息，尤其是在情境不明确的时候，所以人们常常在团体情境中产生从众。

（二）影响从众的因素

阿希的研究从某种意义上证明了从众是人类在某种情境中的一种基本倾向，阿希及其他的心理学家发现有许多因素对人们的从众行为有影响，这些因素有情境因素、个人因素和文化。

1. 情境因素

影响从众行为的情境因素很多，总结起来有以下三种：

第一种情境因素是团体的规模。在阿希的系列实验中，他通过改变同谋的数量（由 1～15 人发生变化），发现随着人数的增加，从众也越常发生。但这个人数有一个极限，即不能超过 4 人，如果超过这个范围，人数增加并不必然导致从众行为的增加。

第二种情境因素是团体的凝聚力。豪格（Hogg，1992）、洛特（Lott，1961）等人指出，在一般情况下，团体的凝聚力越大，从众的压力越大，人们的从众行为越可能发生。例如，在大学的女生社团里，朋友们有在一起狂饮作乐的倾向，特别是从小一起长大的朋友（Crandall，1988）。

第三种情境因素是团体的社会支持。在阿希的研究中，如果有一名实验者的同谋选择了正确的答案（而不是故意选择错误的答案），结果将会如何呢？实际上当有这样的一个人时，被试从众的可能性会大大下降，降到面对一致性决定时的 1/4。艾伦和莱文（Allen & Levine，1969）指出，社会支持通过降低规范性社会影响而减少了人们的从众行为。

2. 个人因素

人们的从众行为倾向也受自身特征的影响，与从众有关的个人因素有以下几个方面：

一是自我。内在自我意识强的人做事情往往按照自己的方式，不太会去从众；而公众自我意识强的人往往以他人的要求与期望作为自己的行为标准，所以从众的可能性更大。

二是个体保持自身独特性的需求。许多研究证明，有时候人们不从众是为了保持自身独特的自我同一性（Maslach，1987；Snyder，1980）。其中在斯奈德（Snyder，1980）的实验中，他首先让参加实验的被试相信自己最重要的 10 个态度与另外 1 000 个大学生的态度有的不同，有的则完全相同。然后这些被试参加从众实验，结果那些被告知与他人态度差异极大的被试往往通过不接受他人的影响来保持自我同一性。因此，尽管人们经常从众以避免他人消极的评价，但有时候我们不从众仅仅是因为我们感到自己与众不同。

三是个人的控制愿望。对自己行为的控制愿望也会影响到人们对从众行为的反应。杰克·布瑞姆（Jack Brehm，1966，1981）提出的心理拒抗理论（theory of psychological reactance）就认为：人们相信自己对自己的行为拥有控制权，因此当这种控制自由受到限制的时候，人们往往会采取对抗的方式，以保持自己的自由。在生活中经常有这样的事情，比如父母告诉女儿不要和某个人交朋友，女儿却偏偏要和这个人好。她之所以这样做，实际上是通过对抗体现自己的自由。

杰瑞·伯格（Jerry Burger，1987）的一项研究说明了控制感对从众行为的影响。他让学生评价一些卡通片的可笑程度（实际上这些卡通片并不可笑），发现在单独评价时控制愿望高的被试与控制愿望低的被试没有大的差异；但在团体情境中，控制愿望高的人不大会去附和同谋者的较高评价（分数越高越好笑），而是力图保持自己的独立判断。控制愿望与从众行为的表现如表 6－1 所示。

表 6－1　控制愿望与从众行为的表现

评价方式	控制愿望	
	低	高
独自评价	43.7	49.3
团体评价	73.2	62.1

注：满分为 100 分。

除了以上因素之外，个体的社会地位、预先的承诺和性别等，都会对从众行为产生影响。在一个群体中，社会地位越高的人往往有越大的影响力，社会地位越低的人从众的可能性越大；对组织或他人的承诺越多，从众的可能性就越高。性别与从众行为的关系比较复杂，早期的研究者认为女性的从众倾向比男性高，但后来的研究并不完全支持这一结论。伊格雷（1987）指出，如果男女在从众行为上有差异的话，也仅仅发生在要求女性当面反对对方的情境下。此外，从众还受到是否公开的影响。

社会压力会引发人们的从众行为，但有时候人们也以其他方式进行反应，最常见的有反从众和独立。反从众是指由心理拒抗引起的在所有情况下对抗从众的现象，它与社会压力的要求恰恰相反；独立是指人们不愿受制于他人的倾向，独立的人不在乎社会压力与他人的要求，往往按自己的意愿行事。

3. 文化

从众现象是否在所有文化中都存在呢？詹姆斯·惠特克和罗伯特·米德（James Whittaker & Robert Meade，1967）在七个国家和地区里重复了阿希的从众实验，发现大多数国家和地区的从众比率接近：黎巴嫩 31%、巴西 34%——但是在津巴布韦的班图为 51%。班图是一个对不从众者施加强力制裁的部落。当米尔格拉姆（Milgram，1961）用不同的从众程序来比较挪威和法国的学生时，他发现法国学生表现出较少的从众行为。邦德和史密斯（Rod Bond & Peter Smith，1996）对 17 个国家的 133 个研究进行了分析，证实了文化价值观确实对从众有影响。与个人主义国家的人们相比，集体主义国家（和谐受到赞扬，关系有助于定义自我）的人们更容易受到他人影响而作出反应。在这些国家和地区，从众则是积极的表现。例如在日本，与其他人保持一致不是软弱的表示，而是忍耐、自我控制和成熟的象征（Markus & Kitayama，1994）。在西方的个人主义社会中，人们并不赞赏屈从于同伴压力之下。因此，在个人主义者看来，“从众”一词往往含有消极的价值判断。文化对从众的影响也不断地在变化。研究者对英国、加拿大和美国的大学生被试重复进行了阿希的实验，与此前阿希所观察到的情况相比，有时人们会表现出较少的从众行为（Lalancette & Standing，1990）。由此可见，从众在全世界都非常普遍，但也会表现出文化和时代的差异。

专栏：从众的好处

从众并不总是消极愚昧的，利用人们的从众心理同样可以达到积极的目的。例如，杰西卡·诺兰（Jessica Nolan，2008）和她的同事通过向加利福尼亚州居民提供一些抽样资料，以鼓励他们在家中节约电能。这些居民收到四条信息中的一条。其中的三条信息写的是节约能源的基本原因：保护环境、造福社会和省钱。第四条则包含一条旨在促进从众的信息：被试得知他们的大多数邻居都节约用电。之后，研究者从这些家庭的电表上测量了他们的实际用电量。结果发现与其他三条信息相比，包含邻居行为的信息能显著地引起人们节约更多的能源（Nolan，Schultz，Cialdini，Goldstein，Griskevicius，2008）。与此类似，戈尔德斯坦（Goldstein，2008）等人发现酒店浴室中如果采用含有“在这个房间中大多数的顾客都重复使用他们的浴巾”的信息标志，客人往往也会做出相符的行为，这种方式比酒店直接呼吁客人重复使用毛巾更加有效。

美国几百所大学的行政人员同样利用信息性从众来防止学生饮酒过度。在过去的许多年里，“社会规范方法”已经取代了先前的“威吓”策略，以劝服学生们少量饮酒。这种社会规范方法直接引发信息性从众来减少饮酒量。研究者发现，一般的学生认为他或她的同学的饮酒量常常比真实的量要大得多。这种方法包括告诉学生在校园中饮酒的真实水平（更低）的信息。通过减少饮酒规范的模糊性，希望学生能顺应这些信息并减少自己酒精的饮用量。但是关于这种社会规范方法能否起作用，研究者们仍在争论当中（Lederman，Stewart，Goodhart，Laitman et al.，2003；Schemo，2003）。

二、顺从

（一）顺从及其影响因素

顺从是指在他人的直接请求下按照他人的要求去做的倾向。在做出顺从行为的时候，人们可能私下同意他人的请求，也可能私下不同意他人的请求，或者没有自己的主意。在现实生活中，我们经常向他人提出这样那样的要求，希望他人能顺从我们的观点与行为。巴斯（Buss，1987）和顾德（Gody，1983）对引起顺从的环境与策略进行了探讨，指出增加他人顺从的技巧与我们对他人的了解程度、自己的社会地位、请求的性质等因素有关。

要想使他人顺从我们的请求，创建良好的顺从环境非常重要，其中以下三个因素有助于建立一个使人们感到愉快的顺从气氛。

1. 积极的情绪

人们在情绪好的时候顺从的可能性更大，尤其是要求他人做出亲社会的助人行为时（Isen，1987）。心情之所以有这样的作用，第一种解释是心情好的人们更愿意也更可能参与各种各样的行为（Batson，1979）。第二种解释是好的心情会激发愉快的想法和记忆，而这些想法和记忆使得人们喜欢提要求的人（Carlson，1988；Forgas，1987）。由于好的心情有助于增加顺从，所以人们经常会在向他人提要求之前先给他人一点好处，林登和米切尔（Linden & Mitchell，1988）把这种自我表现的策略称为讨好（ingratiation），预先地讨好和奉承对增加顺从十分有效（Byrne，1074；Kacmar，1992）。

2. 顺从行为的互惠性

在社会规范中，互惠规范对顺从的影响也不小。互惠规范强调一个人必须对他人给予自己的恩惠予以回报（Gouldner，1960），如果他人给了我们一些好处，我们必须要相应地给他人一些好处。这种规范使得双方在社会交换中的公平性得以保持，但同时也变成了影响他人的一种手段。丹尼斯·里根（Dennis Regan，1971）的一项实验室研究就证明了互惠规范的这种影响。在研究中，被试与另外一名学生一起完成一项工作，实际上这名学生是实验者的助手，在有些情况下他对被试很友好，而在另外一些情况下他对被试不友好。在实验中间休息的时候，助手出去了一会儿，几分钟之后又回来了。回来的时候有些人给被试带来一瓶饮料，有些人则什么也没有带。不久，助手要求被试购买票面价值为25美分的演出票，结果发现有饮料的被试人均购票两张，而没有饮料的被试只买了一张票。互惠规范被广泛地运用于我们的日常生活之中，尤其是在市场销售活动中。汽车销售人员在你购买了他们的产品之后，经常会送给你一些礼物；保险销售人员也是如此，当他们挨家挨户推销保险的时候，经常会给人们送诸如台历之类的小礼品，他们这样做无非是为了增加人们的顺从。

3. 合理原因

我们对他人的顺从也需要合理的原因，当他人能给自己的请求一个合理解释的时候，我们顺从的可能性也大一些。埃伦·兰格（Ellen Langer）和同事（1977）对给予理由和增加顺从的影响进行了研究。在研究中，她让助手去“加塞”复印一些文件，在有些情况下助手没有说出理由，只是简单地说“我可以先印这5页文件吗?”，结果60%的排队的人顺从了助手的要求；在另外一种情况下，助手给了一个简单的理由，说“我时间紧张，可以先印这5页文件吗?”，结果94%的排队的人顺从了助手的要求。仅仅给出一个简单的理由就可以增加他人的顺从，是因为人们习惯于为他人的行为寻找原因，并且也相信他人不会提出不当的要求。

（二）增加顺从的技巧

我们怎样才能增加他人的顺从呢？心理学家对此进行了深入的研究，提出了一些增加顺从的技巧。

1. “脚在门槛内技巧”（foot in the door technique）

该技巧也称登门技巧，是一种分两步实施的顺从技巧：先向他人提出一个小的要求，等他人满足该要求之后，再向其提出一个较大的要求，此时对方满足较大要求的可能性也增加。弗里德曼（1966）对家庭主妇交通安全问题的研究证明了这种方法的有效性。在研究中，弗里德曼发现：曾经在请愿书上签名的妇女，对随后在自己家草坪上竖立宣传牌的要求满足的比例（55%）远远高于一般人（17%）。约瑟夫·斯瓦兹沃特（Joseph Schwarzwald，1983）有关捐钱保护环境问题的研究以及狄德罗（Dillard，1991）对此问题的元分析结果等都证明了这一方法的有效性。

为什么“脚在门槛内技巧”能增加人们顺从他人的倾向呢？弗里德曼和德容（Freedman & Dejong，1979）等人认为这与个体自我知觉的改变有关。例如：在弗里德曼的研究中，家庭主妇原先可能认为自己是不参加社会活动的人，一旦她们同意了实验者小的要求（即使是难以拒绝才答应的），她们的自我形象可能会发生变化，既然签了名，那么她就应该属于参加此类活动的人。因此随后出现一个大的要求的时候，她们会比以前更愿意顺从。也就是说，接受小的要求改变了个体对自己的态度，这种改变减少了其对以后类似行为的抗拒。

2. “门前技巧”（door in the face technique）

与“脚在门槛内技巧”正好相反，这种技巧是先向他人提出一个很大的要求，在对方拒绝之后，紧跟着提出一个小的要求，这时候小的要求被满足的可能性增加。罗伯特·西奥迪尼（Robert Cialdini）和同事（1975）对此进行了研究，他们先要求参加实验的大学生在下一年度内每周抽出2小时的时间参加一些青少年的活动，以便为他们提供“大哥哥”或“大姐姐”的榜样。毫无疑问，由于大学生没有那么多的时间，所以没有人会同意这样的要求。随后，研究者又提出了第二个要求，问他们是否愿意参加“一次”这样的活动，结果50%的大学生同意后一种要求，而没有大要求的控制组则只有不到17%的人同意随后的小要求。

但是，“门前技巧”必须满足三个前提：首先，最初的要求必须很大，从而当人们拒绝该要求时不会对自己产生消极的推论（如我不是一个慷慨大方的人等）。其次，两个要求之间的时间间隔不能过长，过长的话义务感就会消失。这一点与“脚在门槛内技巧”不同，后者具有长期性。最后，较小的要求必须由同样的人提出，如果换了他人，该效应就不会出现。

“门前技巧”的发生与互惠规范有关。哈拉里（Harari）等人（1980）认为，当人们知觉到他人的让步时（既然不能捐出1 000元钱，捐10元钱总行吧），就会感到来自互惠的压力，即对他人的让步做出回报，从而接受他人的第二个要求。从这一点来看，“门前技巧”要比

“脚在门槛内技巧”更有效。正因为如此，该技巧被广泛地应用于各种各样的协商情境中。

3. “折扣技巧”（that's not all）

该技巧的第一步是先提出一个很高的要求，在对方回应之前赶紧打些折扣或给对方其他的好处。与“门前技巧”相比，在这种技巧中不给对方拒绝初始高要求的机会。杰瑞·伯格（Jerry Burger，1986）研究用这种技巧销售面包时的效果，发现当顾客询问没有标明价格的面包时，如果开始时要价很高，并且在顾客回应之前告诉他们这个价格里面还包含着一份礼物，此时会有73%的人购买面包；而在控制组中，当顾客问完价格以后马上给他们看同样的礼物并且说面包价格里已经包括了礼物，这时有40%的人会购买。

4. “滚雪球”（low balling）

该技巧即在最初的要求被他人接受之后，又告诉他人由于自己的要求被低估，又提出了新的较高的要求或价码。如在某些商品的以旧换新中，销售人员开始给你的旧电视机估价400元，但当你真正购买的时候，销售人员说这笔买卖还要经过销售经理认可。在假装问了经理之后，他会很沮丧地告诉你：经理认为旧的电视机只值200元。这时他又面带微笑地对你说：“你只要多掏200元钱就可以把新电视机搬回家。”在这种情况下，销售人员的策略就是“滚雪球”，慢慢地增加砝码。

三、服从

（一）服从的定义与研究

服从（obedience）是指在他人的直接命令之下做出某种行为的倾向，很多时候人们会服从地位高的他人或权威的命令。父母、老师、警察等都是我们服从的对象，对权威与他人的服从也是一个人社会适应是否良好的标志。

早在1963年，心理学家米尔格拉姆就研究了人们的服从倾向。在实验中，当志愿参加实验的大学生来到实验室的时候，实验者告诉他将与另外一个人一起参加一项惩罚对字词学习如何产生影响的研究，同时让被试扮演实验中“老师”的角色，而让另外一个人扮演实验中“学生”的角色（该人实际上是实验者的助手）。被试的任务是当“学生”对字词配对错误的时候对其实施电击，电压范围为15V～450V。被试每犯一次错误，惩罚的电压就增加15V。实验中在隔壁房间学习的“学生”故意犯了许多错误，当电压升到150V的时候，“学生”开始求饶，随着电压的进一步上升，“学生”大喊大叫，哭着求“老师”放过自己。“老师”有时候也有迟疑，但每次在他犹豫不决的时候，实验者会告诉他“继续下去”“实验要求你必须继续”以及“你毫无选择，必须继续下去”等。在实验之前，精神病学家预测会有10%的人服从实验者的命令而坚持到用450V的电压电击“学生”，实际上比例达到了65%。

为了确定实际的服从倾向，米尔格拉姆在耶鲁大学继续做这一方面的实验，他想知道在互相熟悉的人之间，会不会因为服从实验者的命令而电击对方呢？他找到了正在校园一起散步的两个人，请他们参加与上面设计一样的实验，总共有40个年龄20～50岁的男性被试参加了这个实验。结果令他震惊，因为即使对自己熟悉的人，也有65%的被试用最高的电压电击他。当然，在实际中假扮“学生”的被试并没有受到电击，他们的哭喊声都是事先制作好的录音。

由于该实验的结果如此出人意料，为了稳妥起见，米尔格拉姆通过改变实验方式进一步对人们的服从行为倾向加以研究，得出一系列有意思的结论：如有权威的实验者比普通人引起服从的比例更高；在实验中，实验者与被试（即扮老师的人）之间的距离也对服从有影响，距离越近，服从的比例越高。在进行了所有这些研究之后，米尔格拉姆指出：服从是人的一种基本倾向。许多其他国家的研究者也证明了米尔格拉姆所揭示的服从行为的普遍性，在澳大利亚这个比例是 68%（Kilham，1974），在约旦为 63%（Shanab，1977），在德国高达 85%（Mantell，1971）。

（二）服从的原因

1. 规范性社会影响的作用

规范性压力使得人们很难拒绝。正如我们所看到的，如果有人真的希望我们做某事时，要拒绝似乎是很困难的事，特别是当这个人处于权威的位置时。米尔格拉姆研究的参加者也许会认为，假如他们拒绝继续实验，实验者也许会很失望、受挫，或者会很生气，所有这些压力使得他们只好继续。对于这个实验，很重要的一点是，与阿希的研究不同，它是在设计上要求实验者主动试图让人们顺从，比如给出一些强硬的命令“你绝对需要继续下去”。当一位权威人士如此坚定时，人们服从了，因为要拒绝真的太困难了。

在另一个稍有变化的研究中，可以清晰地看到规范性压力的存在。这一次，一共有三名被试，其中两名是实验者的同谋。一名同谋按指示念单词表上的词对，另一名同谋负责说出答案是否正确。真正的实验参加者负责实施电击，每多犯一个错误就会增加一个级别的电击强度，这与最初的实验是一致的。当电压达到 150V 时，也就是学生发出第一次强烈的反对声音时，第一名同谋拒绝继续实验，尽管实验者命令他要继续。到 210V 时，第二名同谋也拒绝继续实验。结果呢？当看到他们同伴拒绝时，真实的参加者更容易做出不服从的行为。这次实验中只有 10%的参加者一直实施到最高水平的电击。这个结果与阿希的研究发现是相似的：当有实验同谋反对大多数成员的意见而坚持给出正确的答案时，人们服从的倾向就会降低。

2. 信息性社会影响的作用

当人们处于一个令人困惑的情景中，无法确定自己该做什么时，他们就会求助于他人来弄清状况。当环境模糊不清时，信息性社会影响的威力尤其强大。米尔格拉姆实验的参加者所面临的情景也是令人困惑不解、不熟悉并且不安的。当实验者向他们解释实验时，一切似乎是很明了的，但后来却好像变了样。学生已经痛得大喊大叫了，而实验者却告诉参加者虽然电击会很痛，但不会造成永久性的伤害。参加者并不想伤害任何人，但是他或她已经答应参加研究并服从指示。当出现矛盾冲突时，参加者很自然地就用专家——也就是实验者——的意见来帮助他们决定怎样做才是对的。

米尔格拉姆的另一版本的实验证明信息性影响也在发挥作用。这一版本的实验与最初的实验有三方面不同：第一，实验者没有规定应该使用哪种级别的电击强度，把决定权交给了教师（就是真正的参加者）。第二，在研究开始之前，实验者接到了一个电话，必须离开实验室。第三，另外有一位实验同谋也充当教师的角色，他负责记录学生反应的速度。当实验者离开时，这位实验同谋提议说他想到一个很好的方法：学生每犯一次错误就提高一个级别的电击强度。他坚持让真正的参加者遵照这种程序。

注意在这次的情景中，给出命令的人的专业水准发生了变化：他也只是一个一般人，并不比参加者懂得更多。因为他缺乏专业知识，人们就不太可能以他作为应该如何行动的信息来源了。在这一版本的实验中，服从行为大大减少了，实施最大电击的比例从 62.5% 下降到 20%。

3. 服从的其他原因：遵守了错误的规范

为了能理解这种持久的顺从，我们还需要考虑该情景中其他一些情况。我们无意暗示米尔格拉姆研究中的参加者都是毫无头脑的，或者根本没有意识到自己在做什么。他们都非常关心受害者的处境，问题是他们纠缠于矛盾的规范之间，不知道应该服从哪个规范。在实验开始的时候，服从下面的规范是完全合理的："顺从权威，服从合法的权威。"实验者自信而且拥有丰富知识，而研究看起来也是对一个有趣的假设的合理验证，所以为什么不与实验者合作、不按他说的做呢？

但是渐渐地，游戏规则开始发生了变化，而这种"服从权威"的规范不再合适了。那个之前看来合乎情理的实验者，现在却让人们对其他参加者施加极大的痛苦。但是，一旦人们开始服从某一规则，要在中途改变似乎是很困难的。人们必须意识到这一规范已经不再合理了，而另一规范"不对其他人施加不必要的痛苦"是应该遵守的。譬如，假设实验者在一开始就解释说他希望大家向其他参加者施加可能致命的电击，这时有多少人会同意呢？我们估计会是极少的，因为这很明显已经违反了一条重要的社会规范。相反，实验者采用了"先诱导再转变"的策略，首先让"服从权威"的规范看起来很恰当，然后慢慢地违背这项规范（Collins & Brief，1995）。

在米尔格拉姆的实验中，情景中的两个关键因素，使得人们很难放弃"服从权威"的规范。首先，实验进行的速度是相当快的，这使得参加者没有时间好好地审视自己正在做什么。他们正忙于记录学生的答案，注意单词表的下一个词对是什么，还要判断学生的答案是否正确。由于他们需要关注如此众多的细节并且进行的速度很快，这就很难意识到指导自己行为的规范——与权威人士合作——已经不再合适。假如实验进行到一半时，实验的参加者被告知可以休息 15 分钟，并可以一个人坐在房间里，我们推测，会有更多的参加者通过对情景的重新定义从而拒绝继续实验。

4. 自我辩解

在米尔格拉姆的研究中，参加者最初答应实施第一次电击时已经开始产生继续服从的压力。随着参加者实施了强度逐渐增加的电击，他们必须在心中找到理由为自己的行为进行辩护。一旦他们为某一特殊的电击强度找到理由，就很难再找到一个可以停止的点。比如，当他们实施 200V 的电击之后，他们很难说"我不再给他 215V 的电击"。每次成功地实施电击之后，辩护理由都为下一次的电击奠定了基础，此时如果要他们停止就会产生失调的体验。215V 与 200V 似乎区别并不大，而 230V 与 215V 也没有差多少。因此，那些中止实验的人，是在内心遭受极大的要求继续的压力情况下做出决定的。米卡·法图罗斯（Mika Hartios Fatouros）指出，20 世纪 60 年代末希腊的军事独裁政权就是使用这种渐进的方式来训练施刑官的。在与曾经担任过施刑官的人的访谈过程中，米卡·法图罗斯了解到他们最初与政治犯的接触只是送食物，"偶然"会殴打政治犯几下。接着，当其他施刑官施加酷刑时，他们在旁边看守。然后，他们参与一些集体性的殴打。最后一个步骤，他们开始负责实施酷刑，“指挥官突然向他们宣布，没有任何让他们思考的时间”。一旦人们为某服从行为找到理由，就很难再找到可以停止的点。

单元小结

本单元集中介绍了群体心理学的相关内容，其中包括群体的基本理论知识、群体的竞争与合作、社会影响以及从众、顺从、服从的相关知识。

参考文献

[1] 侯玉波. 社会心理学 [M]. 4 版. 北京：北京大学出版社，2018.

[2] S E TAYLOR，L A PEPLAU，D O SEARS. 社会心理学 [M]. 谢晓非，谢东梅，等译. 北京：北京大学出版社，2004.

[3] 时蓉华. 现代社会心理学 [M]. 上海：华东师范大学出版社，2013.

[4] 沙莲香. 社会心理学 [M]. 4 版. 北京：中国人民大学出版社，2015.

[5] 乐国安. 社会心理学 [M]. 3 版. 北京：中国人民大学出版社，2017.

[6] 俞国良. 社会心理学 [M]. 4 版. 北京：北京师范大学出版社，2021.

[7] 沈德灿，何立婴. 社会心理学简编 [M]. 北京：光明日报出版社，1990.

[8] 金盛华，张杰. 当代社会心理学导论 [M]. 北京：北京师范大学出版社，1995.

[9] 伯克威茨. 社会心理学 [M]. 张霁明，译. 长春：吉林人民出版社，1988.

[10] 戴维·迈尔斯. 社会心理学 [M]. 侯玉波，乐国安，张智勇，译. 北京：人民邮电出版社，2016.